Koucai Hon

Ruherang Nide Koucai Jiazhi baiwan

口才红利

如何让你的口才价值百万

是人才未必有口才

有口才必定是人才

王刚毅⊙编著

广东旅游出版社
GUANGDONG TRAVEL & TOURISM PRESS
悦读书·悦旅行·悦享人生

中国·广州

图书在版编目（CIP）数据

口才红利：如何让你的口才价值百万 / 王刚毅编著. — 广州：广东旅游出版社，2014.8（2024.8重印）

ISBN 978-7-80766-842-8

Ⅰ. ①口… Ⅱ. ①王… Ⅲ. ①口才学－通俗读物 Ⅳ. ①H019-49

中国版本图书馆CIP数据核字（2014）第153648号

口才红利：如何让你的口才价值百万

KOU CAI HONG LI : RU HE RANG NI DE KOU CAI JIA ZHI BAI WAN

出 版 人	刘志松
责任编辑	梅哲坤
责任技编	冼志良
责任校对	李瑞苑

广东旅游出版社出版发行

地 址	广东省广州市荔湾区沙面北街71号首、二层
邮 编	510130
电 话	020-87347732（总编室） 020-87348887（销售热线）
投稿邮箱	2026542779@qq.com
印 刷	三河市腾飞印务有限公司
	（地址：三河市黄土庄镇小石庄村）
开 本	710毫米×1000毫米 1/16
印 张	15
字 数	220千
版 次	2014年8月第1版
印 次	2024年8月第2次印刷
定 价	65.00元

本书若有倒装、缺页影响阅读，请与承印厂联系调换，联系电话 0316-3153358

前 言
PREFACE

你的口才价值百万

古代有一位国王，一天晚上做了一个梦，梦见自己满嘴的牙都掉了。于是，他就找了两位解梦的人。国王问他们："为什么我会梦见自己满口的牙全掉了呢？"第一个解梦的人就说："皇上，梦的意思是，在你所有的亲属都死去以后，你才能死，一个都不剩。"皇上一听，龙颜大怒，下令打了他一百大棍。第二个解梦的人说："至高无上的皇上，梦的意思是，您将是您所有亲属当中最长寿的一位呀！"皇上听了很高兴，便拿出了一百枚金币，赏给了第二个解梦的人。

同样的事情，同样的内容，为什么一个会挨打，另一个却受到嘉奖呢？只是因为挨打的人不会说话，受奖的人会说话而已。所以，人生在世，不仅需要"做"，也需要"说"，进一步还要"说"好。"说"不好，一命呜呼；"说"得好，就能价值百万。

好口才是开启成功的金钥匙

早在公元前，埃及一位年迈的法老就告诫即将继承王位的儿子麦雷卡："当一个雄辩的演说家，你才能成为一个坚强的人……舌头是一把利剑，演说比打仗更有威力。"18世纪，法国革命家拿破仑也说过："一支笔，一条舌，能抵三千毛瑟枪。"我国古代文学评论家刘勰认为："一人之辩，重于九鼎之宝；三寸之舌，强于百万雄兵。"由此可见，口才是何等重要。

一排伶牙俐齿，两片红唇，可以使你获得赞许、支持、合作，使得你的事业大放异彩。正所谓：博闻强记，练就一副铁嘴钢牙；思敏口灵，开创事业锦绣前程。

拥有好口才也是好人才

抗战时期，冯玉祥居住在重庆市郊的歌乐山，当地多为高级军政长官的住宅，普通老百姓不敢担任保长，冯玉祥遂自荐当了保长。

有一天，某部队一连士兵进驻该地，连长来找保长办官差，借用民房，借桌椅用具，因不满意而横加指责。

冯玉祥身穿蓝粗布褂，头上缠一块白布，这是四川农民的标准装束。他见连长发火，便弯腰深深一鞠躬，道："大人，辛苦了！这个地方住了许多当官的，差事实在不好办，临时驻防，将就一点就是了。"

连长一听，大怒道："要你来教训我！你这个保长架子可不小！"冯玉祥微笑着回答："不敢，我从前也当过兵，从来不愿打扰老百姓。"

连长问："你还干过什么？"

"排长、连长也干过，营长、团长也干过。"

那位连长起立，略显客气地问："你还干过什么？"

冯玉祥不慌不忙，仍然微笑着说："师长、军长也干过，还干过几天总司令。"

连长细看这个大块头，突然如梦初醒，双脚一并："你是冯副委员长？部下该死，请副委员长处分！"

冯玉祥再一鞠躬："大人请坐！在军委会我是副委员长，在这里我是保长，理应侍候大人。"几句话说得这位连长诚惶诚恐，无地自容，匆匆退出。

现代社会是一个竞争与合作的社会，有的人在竞争中失败，有的人在合作中成功，这其中奥妙何在？生意场上有"金口玉言"之说；政治场上有"领导过问了"，"一言定升迁"之说；文化界有"点睛之笔"，"破题之语"之说；生活中常有"生死荣辱系于一言"之说。可见，在现代交际中，是否能说，是否会说，以及与言谈交际相关知识能力的多寡，的确影响着一个人的成功和失败。

好口才让你抱得美人归

美国五星上将卡特利特·马歇尔年轻时，在他所在驻地的一次酒会后，请求一位小姐答应让他送她回家。这位小姐的家就在附近不远处，可是马歇尔开了一个多小时的车才把她送到家门口。

"你来这里不是很久吧？"她问道，"你好像不太认得路似的。"

"我可不敢那样说。如果我对这个地方不熟悉，我怎么能够足足开了一个多小时的车，而一次也没有经过你家的门口呢？"马歇尔微笑着说。

后来，这位小姐就成了马歇尔的妻子。

好口才令你求职更顺畅

战国时，七雄逐鹿中原以争天下，布衣毛遂自我推荐，前往楚国游说，把自己的说话才能发挥得淋漓尽致，终于使楚王派兵救赵，解赵之围，为中国历史上留下了"毛遂自荐"的千古佳话。我国的茅台酒饮誉海内外，可当初它在万国博览会上却因包装粗糙而遭冷遇。面对如此尴尬的局面，富于推销意识的华商急中生智，故意失手打翻酒瓶，使茅台酒"脱颖而出"，飘香五洲四海。

一个人要是能在面试时用出彩的语言亮出自己，就有可能获得任何自己想要的职位。

好口才助你步步高升

李先生是一家比较有名企业的总经理助理。他的顶头上司王总是搞学术、技术出身的，由于工作重点长期落在研究开发领域，因此对企业管理依然一知半解。出于对技术的钟情与依恋，王总直接插手技术部门的事，把管理的层级体系搞得乱七八糟，其他部门虽然表面上敢怒不敢言，但私下里无不怨声载道，让李先生与其他部门沟通协调倍感吃力。

经过思考，他对王总说："真正意义上的领导权威包含着技术权威和管理权威两个层面，王总的技术权威牢固树立，而管理权威则有些薄弱，亟待加强。"王总听后，若有所思。

后来，王总果然越来越多地把时间用在人事、推销、财务的管理上，企业的不稳定因素得到控制，公司运营进入了高速发展状态，李先生的各项工作也顺风顺水，渐入佳境。

好口才令你的论辩百辩百胜

抗美援朝时，一位外国记者采访周总理，周总理刚批阅完文件，顺手把钢笔放在桌上。外国记者看见桌子上放的是一支美国生产的"派克"钢笔，便故意刁难地问："请问总理阁下，你们堂堂的中国人，为什么还要用美国生产的钢笔呢？"

周总理接过话头朗声笑着答道："提起这支笔，那可说来话长，这不是支普通的笔，是一位朝鲜朋友抗美的战利品，作为礼物送给我的。我无功不能受禄，就想谢绝，哪知朋友说，留下做个纪念吧！我觉得有意义，便收下了这支美国生产的钢笔。"

那记者听完后，一句话也说不出来。

周总理针对外国记者企图讽刺、讥笑中国落后的意图，巧借话题，说了这番风趣而又有分量的话。周总理用"战利品""做个纪念"和"觉得有意义"等词句暗示，这支笔正是正义力量强大的结果。

……

在做人做事中，成功的秘诀有很多，口才好的因素绝对不容忽视。一个人要想成功，就离不开良好的口才。因为说话的水平是这个人的思维本质、认识高度、知识渊博程度等的综合体现。在很多种情况下，不管是社会还是个人对一个人的认识和了解都是通过说话来实现的。并且自古以来，能成就一番事业者无一不是善于说话、精于做事的人。若能练就一张善说巧说的"铁嘴"，就可以帮助自己用语言打开一片广阔的天地，在通往成功的道路上无往而不胜。

目 录 CONTENTS

Part1 好口才给你的人生带来红利

当今社会是一个充满竞争与合作的信息化社会，说话不仅是人们日常生活之必需，也是直接影响个人事业成败的重要因素。生意场上有"金口玉言"之说，工作场合有"一言定乾坤"之说，生活中有"一言既出，驷马难追"之说。所以好口才给你人生带来的红利，恐怕连你自己也想不到。

好口才成就好事业／2

好口才助你无往而不胜／4

好口才是人生旅途上的法宝／6

拥有好口才也是好人才／8

口才关系人生的成败得失／10

好口才是事业成功的阶梯／12

不做沉默的"智者"／14

语言是人的力量的统帅／17

Part2 好口才给你的人际交往带来红利

在社会上，人们的能力有高有低，有成功的也有失败的，要想快速地了解他们，不妨看看他们的口才。口才的好坏，其主要表现是说话的艺术。语言的力量能征服世界上最复杂的东西——人心。人际交往中，如果你拥有了好口才，那么你就能结识更多对你有帮助的人，这就是好口才给你的人际交往带来的红利。

口才交际，成功的阶梯 / 20

追寻人际交往的动情点 / 21

见面说话礼先行 / 23

言语交际中的"兜圈子"技巧 / 25

抓住交际的最初四分钟 / 28

让对方感到相见恨晚 / 30

自嘲，化解交际中尴尬的法宝 / 32

自信的言谈举止助你"放大"形象 / 35

学会聆听别人说话 / 37

Part3 好口才给你的友谊带来红利

"良言一句三冬暖，恶语伤人六月寒。"人生没有朋友，就像是天上没有太阳。纯真的友谊不仅能使人获得上进的勇气，还能感到生活的欢乐。但友谊不会凭空而出，获得友谊需要秘诀，那就是坦诚的交流和你的金玉良言。

获得友谊的秘密 / 42

朋友交往真话最动人 / 43

用说笑给友谊添佐料 / 46

用真诚的心对待朋友 / 49

让亲情话语在朋友间流动 / 51

与朋友谈笑自如有方法 / 53

客气话适度增友情 / 55

与朋友消除误会要及时 / 56

通过老朋友结识新朋友 / 57

安慰遇到不幸的朋友要真诚 / 59

给朋友道歉时要真诚 / 60

做好朋友的"和事佬" / 62

与朋友争论时尽量保持冷静 / 65

Part4 好口才给你的婚恋带来红利

"谈情说爱"是感情生活里一个不可或缺的重要组成部分，而与恋人相处时的谈情说爱，也是一门美妙的艺术，需要悉心体会，认真揣摩，善加利用。只有谈得惬意，说得圆满，才能让两颗心在甜言蜜语中撞出爱的火花，所以说，拥有好口才，可以让你的爱情更加美满。

初次约会寻话题 / 70

试问爱我有多深 / 72

试探恋情有妙招 / 74

想说爱你不容易 / 76

表达爱慕有方法 / 79

大胆说出"我爱你" / 81

Part5 好口才给你的家庭生活带来红利

土耳其有句谚语："生活在失去和睦的家庭中，等于生活在地狱里。"家庭琐事繁多，父母、孩子等这些问题处理不好，既影响到生活的质量，又影响夫妻间的感情。若要避免这种情形出现，就要在言谈上面下功夫。拥有好口才，可以让你的家庭更加和睦美满。

孩子有错时，你该怎么说 / 84

巧言妙语添乐趣 / 87

男人如何巧妙过滤婆媳话 / 90

妯娌聊天有分寸 / 92

夫妻共同跨越"语言冰河期" / 94

好女婿的好嘴巴是如何炼成的 / 97

Part6 好口才给你的办事效率带来红利

　　求人办事，最能验证一个人的社交能力，尤其是语言表达能力。口才出色的人，三言两语便能收到水到渠成之效；而言语木讷的人，吞吞吐吐半天，也难以打开公关之门。从某种程度上说，求人办事的成败，取决于一个人的语言功力，有了良好的口才，就能打动人，好口才是任何人求人办事的第一法宝。

说服力是求人办事的利器 / 102

成功办事由赞美开始 / 104

迂回求人好办事 / 105

求人办事莫着急 / 107

"请"人好办事 / 109

办事时说话要分场合 / 111

软磨硬泡，友好地"赖"着对方 / 112

Part7 好口才给你的职业生涯带来红利

　　在这个充满竞争的时代里，每个人都要到社会上寻找自己的职业，因此每个人都离不开面试。在残酷的面试竞争中脱颖而出，一方面依靠的是自己的实力，但更重要的是依靠自己出色的口才打动面试官，从而赢得了工作。所以，得体到位的面试语言技巧非常重要。

亮出一个精彩的自己 / 116

面试时语言要"出彩" / 118

好口才助你过面试难关 / 121

完美回答面试官未必会成功 / 124

面试中表现自我有话要好"说" / 126

面试应答七种绝技 / 128

应聘：名人是如何成功的 / 130

Part8 好口才给你与同事的交往带来红利

　　工作后，大部时间被工作占用。与同事相处的时间甚至超过了与家人相处的时间，更谈不上抽太多的时间去会友和交友了。因此，与你同在一个单位，或者同一个办公室的同事，其实就成了你最好的朋友，你完全应该用心投入地把与同事间的关系搞好，争取让同事都成为你的知心朋友。即使工作中与同事产生了一些分歧，也不能否认自己与同事之间的密切关系。那么，在同事遇到困难时、情绪低落时，你是否会像安慰亲人般地及时送上一些温暖人心的话呢？

暖言暖语暖人心 / 134

漂亮话助你行事通畅 / 137

得饶人处且饶人 / 139

用幽默语言与同事分享快乐 / 141

与同事聊天不能信口开河 / 143

与同事的心灵产生共鸣 / 146

注意与同事闲谈的分寸 / 148

Part9 好口才给你的领导工作带来红利

　　语言的力量能征服人心，好领导都是能征服人心的人，他们往往都有好口才，具备驾驭语言的高超能力，因为伶牙俐齿是领导者应该具备的有力武器。

好领导离不开好口才 / 152

与下属单独谈话讲技巧 / 155

认真倾听下属的谈话 / 158

真诚赞美赢得下属的通力合作 / 161

好口才令领导的威望应运而生 / 163

做个面带微笑的好领导 / 165

Part10 好口才给你的职场升迁带来红利

你和你的上司是"一根绳上的蚂蚱"，你们要想成功就得同舟共济。只有你们的工作关系富有成效，信息传递畅通，沟通有效，才能使你们双方都获益多多，领导才会更器重你、提拔你。

不与上司沟通，谁晋升你／168

用得体的语言与上司交流／170

接受上司的指示要爽快／172

"直言进谏"不可取／174

Part11 好口才让你尽享说服的红利

说服是一门学问。强有力的说服力不仅仅使我们在人生的旅途上获得更多的机遇，更重要的是它可以带给我们对自己人生把握的自信和雄心。

巧寻说服最佳突破点／180

说服他人必备的六要素／181

说服有方，事半功倍／189

说服他人的根本是理由／192

说服他人不可不注意的事项／194

Part12 好口才让你尽享谈判成功的红利

商务谈判是斗智斗勇、施展谋略的舞台。在这个舞台上，谈判双方谋略和策略的施展，需要靠语言来实现。语言艺术有如一个魔术师施展的魔法，在弹丸之地的谈判桌上，调动着谈判的双方。有时还可以驱动着数以万计，甚至数以亿计的金钱向既定的方向流动，真是精彩绝伦，令人叹为观止。

良好的谈判气氛是不可忽视的重要因素／200

谈判前的"谈判"／205

在谈判时间上下功夫／208

巧破僵局的艺术／211

向对方发起心理攻击的有效手段／215

谈判中说"不"的技巧／223

Part 1 好口才给你的人生带来红利

　　当今社会是一个充满竞争与合作的信息化社会，说话不仅是人们日常生活之必需，也是直接影响个人事业成败的重要因素。生意场上有"金口玉言"之说，工作场合有"一言定乾坤"之说，生活中有"一言既出，驷马难追"之说。所以好口才给你人生带来的红利，恐怕连你自己也想不到。

好口才成就好事业

事业的成功离不开好的口才。一排伶牙俐齿，两片红唇，可以使你获得赞许、支持、合作，使得你的事业大放异彩。正所谓：博闻强记，练就一副铁嘴钢牙；思敏口灵，开创事业锦绣前程。

早在公元前，埃及一位年迈的法老就告诫即将继承王位的儿子麦雷卡："当一个雄辩的演说家，你才能成为一个坚强的人……舌头是一把利剑，演说比打仗更有威力。"18世纪，法国革命家拿破仑也说过："一支笔，一条舌，能抵三千毛瑟枪。"我国古代文学评论家刘勰认为："一人之辩，重于九鼎之宝；三寸之舌，强于百万雄兵。"由此可见，口才是何等重要。

乔·库尔曼，幼年丧父，18岁那年，他成为了一名职业球手，后来手臂受伤，只得回到家中做了一名寿险推销员。29岁那年，他成为美国薪水最高的推销员之一。在随后的25年推销生涯中，他销售了40000份寿险，平均每日五份，这使他成为了美国金牌推销员。

库尔曼把自己的成功归结为"用一句具有魔力的话来改变糟糕的局面"。这句有魔力的话是："您是怎么开始您的事业的？"库尔曼在自己的传记中写道："这句话似乎有很大的魔力，看看那些忙得不可开交的人吧，只要你提出那个问题，他们总是能挤出时间来跟你聊。"

他举了一个最典型的例子来论证这种魔力。刚开始推销时，他遇见了罗斯，一家工厂的老板，工作繁忙。很多推销员都在他面前无功而返。

库尔曼："您好。我叫乔·库尔曼，保险公司的推销员。"

罗斯："又是一个推销员。你是今天第十个推销员，我有很多事要做，没时间听你说。别烦我了，我没时间。"

库尔曼："请允许我做一个自我介绍，十分钟就够了。"

罗斯："我根本没有时间。"

库尔曼低下头用了整整一分钟时间去看放在地板上的产品，然后，他问罗斯："您做这一行多长时间了？"罗斯答："哦，22年了。"

库尔曼问："您是怎么开始干这一行的？"这句有魔力的话在罗斯身上发挥了效用。他开始滔滔不绝地讲起来，从自己的早年不幸讲到自己的创业经历，一口气说了一个多小时。最后，罗斯热情地邀请库尔曼参观自己的工厂。那一次见面，库尔曼没有卖出保险，但却和罗斯成了朋友。接下来的三年里，罗斯从库尔曼那里买走了四份保险。

俗话说：君子不开口，神仙也难下手。所以，作为推销员，最怕对方三缄其口。如果遇到这种情况，你可以像库尔曼那样，说出那句有魔力的话。

库尔曼有位朋友是费城一家再生物资公司的老板。他是从库尔曼手中买下他人生中的第一份人寿保险的。他一次总结出了库尔曼的成功秘诀："他对我说的那些话，别的推销员都说过。他的高明之处在于，不跟我争辩，只是一个劲儿地问我'why'。他不停地问，我就不停地解释，结果把自己给卖了。我解释越多，就越意识到我的不利，防线最终被他的提问冲垮。不是他在向我卖保险，而是我自己'主动'在买。"

库尔曼靠他精彩的口才表演和推销术使自己一步步登上事业的顶峰，最终挤进了美国富翁的行列，成了非常有名的金牌推销员。

像这样的例子，古今中外，举不胜举。现代社会中，更是不乏能言善辩的成功者。他们或出言有序，如铜壶滴漏；或滔滔不绝，似大河奔流；或旁敲侧击，如曲径通幽；或不盖不遮，似单刀直入；或妙语不绝，如吐珠唾玉；或句无单出，如芙蓉并蒂；或信口出之，似草木共生……真如春光中的万紫千红，美不胜收。

那么，如何拥有好口才呢？你可以从两个方面去修炼：心理素质和状态上的锻炼以及外在知识背景和口才技巧的训练。前者是内在因素，一旦你改变昔时的观点，调整自己的心态，积极地感受和实践，那么你的口才能力就具备了大半。后者是具体的口才技巧的学习，广泛地阅读加上不断地模仿练习，就可使各种技法为你所用，并且能够融会贯通，了然于心，那时，你就真正具有了好口才。

好口才是一笔受用终身的红利，它可以助你成就好事业，活出精彩的人生。

好口才助你无往而不胜

自古以来，能成就一番事业者无一不是善于说话、精于做事的人。若能练就一张善说巧说的"铁嘴"，就可以帮助自己用语言打开一片广阔的天地，在通往成功的道路上无往而不胜。

就说香烟吧，谁都知道吸烟有害健康，但是用不同的方式说出来，表达的效果却是截然不同。20世纪初上海著名的滑稽演员杜宝林就曾用自己杰出的口才成功地做了一次香烟广告。在一场演出中，他巧妙地将话题扯到了吸烟上："抽烟其实是世界上顶坏顶坏的事。怎么讲呢？花了钱去买尼古丁来吸嘛。我老婆就因为我喜欢抽烟，天天跟我吵架要离婚。所以，我奉劝各位千万不要抽烟。"然后，他突然一转，"不过话说回来，戒烟是最难的事。我16岁起就天天想戒烟，到现在十几年了，烟不但没戒掉，瘾却越来越大了。我横竖想，最好的办法是吸尼古丁少的烟。向各位透露一个秘密：目前市场上的烟，要数'××'尼古丁最少。"

他这种欲扬先抑、以退为进的方法，一下子就抓住了顾客的消费心理，自然会获得很好的效果。初看起来，要从尼古丁的角度说服顾客去买香烟是不大可能的。但是只要你有灵活的头脑，绝佳的口才，就可以获得意想不到的成功。

再从口才这个着眼点出发，可以归纳、总结出很多成功者的说话技巧。如何让自己的话深入人心，以达到别人对自己赞同和认可的目的，其间包括许多学问和艺术。从表面上看，说话很简单，张嘴言谈，人人都会。但是，要把话讲好，很是不容易，它是一门高深的学问。一个人要在复杂的社会中正确对待各种人和事，必然要学会"说话"，让上下左右都对你满意并刮目相看。若不谙此道，则必然会处处碰壁，一事无成；而精于口才，则能在做人做事中潇洒自如，事事顺利。

古希腊寓言作家伊索年轻的时候给贵族当奴仆。有一天，主人设宴请客，客人多是当时希腊的哲学家。主人吩咐伊索备办酒席，要做最好的菜招待客人。开宴时，看到席上的菜全是各种动物的舌头，主人大吃一惊，忙问是怎么回事，伊索回答："您叫我为这些尊贵的客人备最好的菜，舌头是引领各种学问的关键，对于这些哲学家来说，舌头宴不是最好的菜吗？"客人都被伊索说得大笑起来。第二天，主人吩咐再办一次宴会，菜要最坏的。开宴上菜时，端上来的仍然全是舌头，主人一见，便大发雷霆。伊索却镇定地解释道："很多坏事不是从口里出来的吗？舌头既是最好的，也是最坏的东西啊！"

这则故事虽然是人们编出来的，但却说明了一个道理，即说话对于人来说有着无法估量的作用。所以，无论你处在人生的哪个阶段、从事哪个行业，无论是在社会中还是在家庭里，唯有领悟到口才的真谛，才能为自己成功的人生锦上添花。

若你还在读书，那么学校里的各种活动或演讲就是你展示口才的好地方。

若你正在求职，那么你要学会用好口才推销自己的优点，针对面试官提出的不同问题作出不卑不亢的回答。

若你已经工作，是位人类灵魂的工程师，那么你需要具备循循善诱和口若悬河的口才才能提高下一代的整体素质，才能获得学生的喜欢和爱戴。

若你是位律师，那唇枪舌剑的辩论就是你职业的基本功。

若你是位商务人员，做贸易也好，做管理也好，推销公关也好，商场舌战群雄的谈判场不可避免，那么口软一定利薄，嘴笨也做不了大生意。

若你考了公务员，拥有好口才就能更好地亲近上级，和睦同事，团结下级。

由此可见，无论在政界还是在商界，或者在其他别的行业，好口才都可以助你无往而不胜。

好口才是人生旅途上的法宝

人生在社交中度过，话语交往伴随着你每时每刻。你时刻在实践着话语交往，口才是你生活的调味剂，是你事业的推进器，是你家庭的和谐曲，也是你实现自我的凯旋曲。有了好口才，你将会愉快地工作，快乐地生活。

如果你想在滚滚人流中活得轻松、活得潇洒，一定要对语言的力量给予足够的重视，否则就会湮没于人海中，饱尝辛酸。正所谓，好口才是人生旅途上的法宝。

在中国的老一辈革命家中，出现过许多能言善辩的"铁嘴"人物。周恩来可谓是其中的杰出代表。他的口才蜚声海内外，其应变的机敏，非凡的气魄，犀利的言辞，柔中有刚，就连对手也情不自禁地给出赞叹之词。美国前总统尼克松说，周恩来在谈话中有四个特点："精力充沛，准备充分，谈判中显示出高超的技巧，在压力下表现得泰然自若。"

1965年，美国作家刘易斯·斯特朗80大寿，周恩来总理在上海展览馆的大厅为她举行祝寿活动，与会的有几百位中外人士。周总理在致辞中说："今天我们为我们的好朋友，美国女作家安娜·刘易斯·斯特朗女士庆贺40公岁诞辰。"大家听到总理用"40公岁"这个新名词都笑起来，斯特朗也哈哈大笑。总理接着说："40公岁，这不是老年，而是中年。斯特朗女士为中国人民和世界人民做了大量的工作，写了大量的文章，她的精神还很年轻。我们祝贺斯特朗女士继续为人民写出大量的文章，祝贺她永远年轻。"

贺词中，周总理特别使用了"40公岁"这一说法，它一方面指出了斯特朗女士的实际年龄，另一方面又喻示着斯特朗女士精神上的年轻。这种一语双关、新颖别致的说法是在"1公里=2里""1公斤=2斤"等基础上的新创造，它既令众人耳目一新，又贴近了斯特朗女士的心理需要，因而为喜庆的场合增添了热烈、轻快的气氛。

有一次周恩来接见美国记者。对方问："总理阁下，你们中国人为何把人走的路叫马路呢？"总理答道："我们走的是马克思主义之路，所以叫马路。"对方又问："在美国，人们都仰着头走路，而你们中国人为什么低着头走路呢？"总理微笑道："这个问题很简单嘛，你们美国人走的是下坡路，当然要仰着头走路，而我们中国人走的是上坡路，当然是要低着头走了。"

例子中美国记者的发问虽无恶意却也语带讽刺，周恩来总理敏锐地感悟到了这一点，马上在笑谈调侃中运用弦外之音针锋相对地予以回答，尽显杰出外交家的语言风采。

毫不夸张地说，口才是一门语言的艺术，是用口语表达思想感情的一种巧妙的形式。懂得语言艺术的人，懂得相处之道的人，他不会勉强别人与自己有相同的观点，而是巧妙地引导他人到自己的思想上来。那些善于用口语贴切、生动地表达自己思想感情的人，办事往往圆满。反之，不懂得语言艺术的人，最后自己也会陷入困境。不重视口才锻炼的人，在人生中失败于口才的事是屡见不鲜的，甚至会因说话不当而导致意想不到的恶果。

在春秋战国时代，百家争鸣出现了能说会道的诸子百家。诸子百家著书立说，宣传自己的主张，对人们的生活和社会的发展起了积极的推动作用。

在国外，人们对口才也看得很重。美国人早在第二次世界大战时期，就把"口才、金钱和原子弹"看作赖以在世界上生存和竞争的三大法宝。20世纪60年代以后，他们又把"口才、金钱和电脑"看作最有力量的三大法宝。随着科学技术的迅速发展，"电脑"顶替了"原子弹"，而"口才"照样独冠"三宝"之首，足见其作用和价值非同小可。

中国有句古话："听君一席话，胜读十年书。"的确，跟那些有知识且具有口才的人交谈，比喝了醇酒更令人兴奋，比听交响乐更能振奋精神。良好的话语可以带给人愉悦和欢畅，帮助你增加知识和修养，激发你的创造力，也可以增进人们感情的融洽。好口才可以让我们在人生的旅途中尽览交际之风景、畅游处世之绝妙。

拥有好口才也是好人才

在整个人类社会的生活当中，一个人有口才和没有口才，是大不一样的。有口才的人就能充分展现自己的才华，没有口才的人就不能充分展现自己的才华。

在做人做事中，成功的秘诀有很多，口才好的因素绝对不容忽视。一个人要想成功，就离不开良好的口才。因为说话的水平是这个人的思维本质、认识高度、知识渊博程度等的综合体现。在很多种情况下，不管是社会还是个人对一个人的认识和了解都是通过说话来实现的。

关注中央电视台一套节目每天12点37分"今日说法"栏目的人，应该对撒贝宁并不陌生；看了中央电视台"荣事达杯"电视节目主持人大赛的人，也许更忘不了那位英俊、洒脱、幽默、沉稳，最终夺得大赛金奖的撒贝宁。可以这样讲，撒贝宁的成功，就是从小"说"出来的。

小时候，撒贝宁喜欢唱歌、跳舞，他用幼嫩的歌声及欢快的舞蹈逗得他的爸爸妈妈捧腹开怀；读小学五年级的时候，撒贝宁联合妹妹花了一个星期的时间做准备，在家里给爸爸妈妈办晚会；从初二到高一短短的两年多时间里，他参加了十余次市、区级演讲比赛，都取得了第一名的好成绩；在北京大学，撒贝宁凭着标准的普通话、英俊的外貌和良好的综合素质，入校不久便被推荐担任了北大广播电台副台长兼播音员。一年后他又参加了电视剧《阳光路》的拍摄，并在剧中扮演男主角。该电视剧在全国大学生第五届"理想杯"电视展播活动中获二等奖。同时，他还担任北大戏剧社社长、北大合唱团男高音领唱。1996年7月1日，中央电视台"心连心"艺术团到北大演出，他又作为特邀嘉宾主持人与王刚、刘路和桑燕一起主持了这场晚会。后来，中央电视台为筹备"今日说法"栏目，到北京几所大学里招聘栏目主持人，他顺利地通过了严格的考核，被"今日说法"栏目录取。如今"今日说法"播出的近600期节目中，有200多期是由撒贝宁主持的。

社会在进步，科技在发展，人才也越来越多。在每一个行业每一个领域都有专长的人，他们有渊博的专业知识，有擅长的职业技能，在工作中他们都发挥着举足轻重的作用，他们是社会中很重要的人才。人才未必就能有好口才，但有好口才的却一定会是好人才，并且会是优秀的人才和难得的通才。而撒贝宁正是因为拥有好口才，成就了他精彩的人生，成了人们心目中出类拔萃的好人才。因此，要学习和掌握口才的学问，只有有了好口才，才能赢得好的人生。

春秋战国时期，有一个典故叫"烛之武退秦师"，讲的是秦晋联合攻打郑国之前开展的一场外交斗争。

事情发生在公元前630年。此前两年，爆发了晋楚争霸的城濮之战，结果楚国战败，晋国称霸。在城濮之战中，郑国曾经出兵帮助楚国，因而结怨于晋，这就是晋秦联合攻打郑国的直接原因。这次战争，也可以说是城濮之战的余波。

郑国被晋、秦两个大国的军队所包围，国家危在旦夕，使得郑国的文臣武将均一筹莫展，武将不敢出征，文将没有计谋，最后烛之武奉郑君之命，去劝退秦军。他善于利用矛盾，采取分化瓦解的办法，一番说辞，便说服了秦君，撤回围郑的军队，并且派兵帮助郑国防守，最后晋军也不得已而撤退，从而解除了郑国的危机。

不费一兵一卒，一个烛之武就能把秦军说退了，这是什么样的威力呢？当然是好口才的威力！怪不得刘勰在其名著《文心雕龙》里这样感叹："一人之辩，重于九鼎之宝；三寸之舌，强于百万雄兵。"

又如三国时代的"诸葛亮舌战群儒"。诸葛亮凭借自己能言善辩的口才，在出使东吴时，建立了联吴抗曹的统一战线，最后致使号称"八十万大军"的曹兵，几乎全部葬身滔滔长江之中。这是什么样的威力呢？还是好口才的威力！假如刘备不让诸葛亮去，而让张飞去，后果又会怎么样呢？

口才关系人生的成败得失

当今社会是一个充满竞争与合作的信息化社会，说话不仅是人们日常生活之必需，也是直接影响个人事业成败的重要因素。生意场上有"金口玉言"之说，工作场合有"一言定乾坤"之说，生活中有"一言既出，驷马难追"之说。可见，在现代社会中，是否能说，是否会说，实在影响着一个人的成败得失。

诸葛亮舌战群儒。请想一想，诸葛亮没有口才能行吗？正因为他有了口才，出使东吴，建立了联吴抗曹的统一战线，最后致使号称"八十万大军"的曹兵，几乎全部葬于滔滔的长江之中，这不是口才的威力吗？假如刘备不让诸葛亮去，让张飞去，其后果又会是什么样呢？

刘备为什么让诸葛亮去，而不让张飞去？说到底在于两个字——口才，诸葛亮靠他的口才成功了，能说口才没有用吗？能说口才与成败得失没有关系吗？

很多人都知道纪晓岚。纪晓岚的舌头可了不得！天下人都知道他学识渊博，能言善辩，机智敏捷，乾隆皇帝自然也知道。有一天，乾隆想，我要找一个办法试验试验他的机智。于是，他把纪晓岚找来，对纪晓岚说："纪晓岚！""臣在！""我问你：何为忠孝呀？"纪晓岚："君叫臣死，臣不得不死，为忠；父叫子亡，子不得不亡，为孝。合起来，就叫忠孝。"纪晓岚刚回答完，乾隆皇帝接过话来："好！朕赐你一死。"纪晓岚当时就愣了：怎么突然赐我一死？但是皇帝金口一开，绝无戏言。纪晓岚只好谢主隆恩，三叩九拜，然后走了。

这时，乾隆就想："这纪晓岚可怎么办呢？不死，回来，就是欺君之罪；可要是死了就真是太可惜了，自己手下便少了一个栋梁之材呀。"当然，乾隆知道纪晓岚不会让自己轻易死掉的，必定会有什么办法解救自己。于是他静观其变。

半炷香的工夫，纪晓岚气喘吁吁地跑回来了，扑通一下给乾隆跪下。乾隆装作很严肃地说："大胆，纪晓岚！朕不是赐你一死了吗？为什么你又跑回来啊？"纪晓岚说："皇上，臣去死了，我准备跳河自杀，正要跳河，屈原突然从河里出来了，他怒气冲冲地说，你小子真浑蛋，当年我投汨罗江自杀，是因为楚怀王昏庸无道；而当今皇上皇恩浩荡，贤明豁达，你怎么能死呢？！我一听，就回来了。"听到这里，乾隆哑口无言：你让他去死吧，你就是昏庸无道；可是让他活着吧，自己又下不了台。最后，乾隆不得不解嘲说："好一个纪晓岚，你是真能言善辩啊！"

纪晓岚凭借自己的能言善辩，救了自己一命。要是换了另一个人又会怎么办呢？虽然，那人也是学识深厚，思维敏捷，但是他不愿意说、不会说话，他能不能回来？因此，我们说，口才的价值、口才的意义不仅关系着一个人的成败得失，在关键的时候还能救人性命。

其实，在整个人类社会的生活中，一个人是否有好口才，是否会说话，成就与境遇必定会大不一样。现代社会里，那些表现得羞怯拘谨、笨嘴笨舌、老实巴交的人，总会处在交际困难的尴尬里。有些人知识渊博，可就是因为缺乏"嘴巴上的功夫"而不受人们欢迎。有些人在工作上表现得也很出色，可一讲话就语无伦次、拘谨慌张，从而失去了很多晋升的机会。

有一位国外名人曾说："眼睛可以容纳一个美丽的世界，而嘴巴则能描绘一个精彩的世界。"法国大作家雨果也认为："语言就是力量。"的确，精妙、高超的语言艺术魅力非凡。

讲究说话在我国是有传统渊源的。历史上凭口才做事决定成败得失的事件数不胜数：凭借"三寸不烂之舌"施展合纵、连横之术的苏秦、张仪；以敏捷的思维、雄辩的口才出使楚国而闻名的齐国重臣晏子；舌战群儒的诸葛亮、"铁齿铜牙"纪晓岚等。他们或吐纳珠玉之声，卷舒风云之色；或羽扇纶巾，谈笑间逢凶化吉。现代社会中以口才而闻名中外的女中豪杰杨澜，相信大家都无比熟悉。她作为传媒人，不断在观众面前亮相，不断地纵横放言、评点中外、表露心迹。细细听来，她的一语一言几乎同她的天性一样：清新又明晰、亮丽而爽朗；话中不乏令人开怀的风趣，让人捧腹的率真，发人沉吟的理趣。一句话，杨澜其言的个中三昧，闻者自知多情味多悟性，更不失其女名人的风范与品性。

于是，西方哲人便有了这样的总结："世间有一种成就可以使人很快完成伟业，并获得世人的认识，那就是讲话令人喜悦的能力。"

好口才是事业成功的阶梯

一个人事业能否成功，与口才有很大的关系。如果拥有良好的口才，那就能赢得比别人更多的发展机会，甚至于会使自己的人生与事业光彩照人。

每个人都想获得成功，谁都不甘心一生庸碌无为，那么，好口才就是事业成功的利器与法宝。练就好口才，就可以助你在职场中左右逢源，游刃有余，一帆风顺，甚至步步高升；练就好口才，就可以助你发现商机，捕捉机会，创造利润，甚至是成就好事业。反之则会处处受制，事事艰难。

阿刚原来是石油公司的职工，去年下岗后，决定自寻出路，去做贩卖水果的生意。

又是荔枝上市时，阿刚到著名的水果之乡去采购荔枝。走进一果园，看见压弯了的树枝上色泽鲜亮的荔枝果，很合心意，他开始与果园主讨价还价了：

"多少钱一市斤？"阿刚问。

"8元。"果园主答道。

"7元5行吗？"

"少一分也不卖。"

当时，正是荔枝上市时，买主来了很多，卖主当然不肯让步。

第一天，阿刚什么收获都没有，空手而归。但他又很清楚，他根本没有退路。商场如战场，没有经商经验的他，如此做生意，岂不是肉包子打狗——有去无回？他觉得自己缺点什么，当晚去了市图书馆。

第二天一大早，阿刚到街边吃了一碗白粥，又到那家荔枝园去了。他走上前去，递上一支香烟给果园主，问："多少钱一市斤？"

"8元。这几天，北方卖了好多钱，你不见到处都是外省老板？不提价就算好啦，年轻仔。"

"整筐买多少钱？"

"零买不卖，整筐买8元一市斤。"

此次阿刚没有急于还价，而是不慌不忙地打开筐盖，拿起一串荔枝在手里掂量着、端详着，不紧不慢地说："个头还可以，但颜色不够红，这样上市卖不上价钱呀。"

接着伸手往筐里掏，摸了一会儿摸出一串个头小的荔枝，说："老板，你这一筐，表面是大的，筐底却藏着不少小的，这怎么算呢？"

阿刚边说边往筐里继续摸，一会儿，又摸出一串带伤的荔枝，阿刚说："看！这里还有虫口，皮带伤的。你这荔枝既不够红，又大小不均匀，有的还有皮伤，无论如何，算不上一级，勉强算二级就不错了。"这时，卖主沉不住气了，说话也和气了："你真想要，还个价吧！"

阿刚与果园主终于以每市斤7元的价钱成交，比市面批发价还低呢！阿刚灵机一动，又大批量转卖给外省老板，一进一出，净赚了30000元。阿刚紧皱眉头的脸上终于露出了微笑。

原来那天晚上，阿刚觉得自己要做生意没一点生意经不行，到市图书馆借阅了一本《中外营销术》，在家里给自己加油充电。其中"吹毛求疵"经商术谈到"卖方的目标很高，要价往往居高不下，而买方要降低对方的价格，首先要降低对方的目标"。阿刚正是从此处受到了启发。

最后阿刚说："动一下小脑筋，用一下好口才，办法总是会有的。舌头不下岗，钱财装满囊。"俨然一副老板样子。

上面是一个现代的经商故事，再看中国历史上，凭口才而流芳百世之士更是不胜枚举：晏子使楚，名扬千秋；苏秦善辩，穿梭六国；孔明机智，舌战群儒；解缙巧对，传为美谈；鲁迅、闻一多、周恩来、陈毅，更是现代能言善辩的口才泰斗。在西方国家也有相通之处，古罗马杰出的政治家、哲学家和文学家西塞罗具有非凡的演说才能，他能把演讲的社会作用推广到惊人的程度，并凭着自己的一张利嘴跻身政界，成为古罗马的检察官和执政官。18世纪的英国在工业革命之后发展很快，议会议员皮特有"第一张铁嘴"之称，其演讲仪态雄伟、声音洪亮、言辞激越、感情充沛，这种非凡的口才使他打败了一个又一个政敌，并赢得了支持和理解，一跃成为英国首相。

由此可见，口才已经不只是语言的表达能力了，口才直接决定着交往的好坏，也决定着事业的成败，成了日常生活人与人交际中不可忽视的一个重要组成部分，成了做人做事能否成功的阶梯。

不做沉默的"智者"

古往今来，人们对说话的态度众说不一，其中一种在表述语言的最高境界时用了两个字"危言"，危言的境界与"大相无形，大音希声"等先哲言语有异曲同工之妙。正如禅宗"教"人"将嘴挂在墙上"。但我们平常生活中的人，谁能不说话？即便先哲也免不了说话，只是这时候说，那时候不说，该说的说，不该说的不说。除了哑巴才不能正常说话，但他也有自己的表达方式。

其实，说话中大有学问。有时想说而不能说，有时想说而不该说，有时想说而不会说，有时想说而不敢说。古希腊有个寓言把舌头比作怪物，它能用最美好的词语来赞誉你，也可以用最恶毒的言辞来诅咒你，它能把蚂蚁说成大象，也能把小丑说成国王。

　　善于说话的人，可以流利地表达自己的意图，也能把道理说得清楚、动听，并使别人乐意接受。有些人善言健谈、口若悬河、出口成章，说出无数金玉良言、绝词妙句、豪言壮语、警世箴言；又有些人信口雌黄、搬弄是非，制造多少废话、蠢话、无用之话，给人留下说话轻浮、行动也草率的不良印象。

　　常言道："良言一句三冬暖，恶语伤人六月寒。"一句话可以把人说得笑，一句话也可以把人说得跳。言语是思想的衣裳，在粗俗和优美的措辞中，展现不同的品格，在不知不觉，有意无意间为别人描绘自己的轮廓和画像。

　　在今天这样的信息时代、文明社会，探讨学问、接洽事务、交换信息、传授技艺，还有交际应酬、传递情感和娱乐消遣都离不开说话。甚至衡量一个人是否有力量，这种力量能否表现出来，在很大程度上也要看他说话的能力。另外，我们还知道口才不是先天造就的，完全可以通过自我训练来提高。因此，说还是不说，说什么，怎么说，和谁说，是一种文化，更是一门艺术，掌握这门艺术，就能驾驭奇妙的舌头，改变你的一生。

　　为此，我们可以从以下几个方面来修炼自己说话的形象和语言能力。

　　首先，可以试着清除语音障碍，调整自己的音色。有的人声音尖锐刺耳，有的人声音沙哑低沉，尽管一个人声音的基调改变不了，但每个人还是可以发出一些不同的声音，其中，也必有一种音色是最亮丽而具有魅力的。在不同场合，要注意运用有效的发音。坚毅急进的声音，给人一种奋发感；柔和、清脆的声音，使人愉快；低缓忧郁的声音，让人悲哀；而粗俗急躁的声音，使人发怒。

　　其次，说话还要保持恰当的速度。太快，使人喘不过气来，听不清，白费口舌；太慢，使人听得不耐烦。在说话中，声调要注意有高有低，正如乐曲中的快慢和强弱，要使你的话如同音乐一样动听，就要注意快慢高低。另外，说话带口头禅，会扰乱节奏，显得杂乱无章。平时说话声音不能太响，在公共场合特别要注意文明，大声喧哗只能遭别人白眼。

在人际交往中，人们最忌讳那种傲慢的腔调、趾高气扬的神情、刻板僵硬的语气。而谦逊的态度、委婉动听的语调，能给人一种心悦诚服的力量。在奥斯卡领奖台上，著名影星英格丽·褒曼在连获两届最佳女主角奖后，又一次获得最佳女配角奖，但她对和她角逐此奖的弗伦汀娜推崇备至。"原谅我，弗伦汀娜，我事先并没有打算获奖。"谦逊的一句话就消除了对方的心理隔阂。

再次，不要以自我为中心，不要把最没有价值的"我"字当成说话中最大的字，把频率最高的"我想""我认为"改成"我们""你看呢""你觉得呢"。少叙述自己的经历故事，除了真正贴切简短以外，更不要逢人便滔滔不绝地吐苦水，把周围人当成宣泄对象。开口诅咒，闭口发誓，漫天许愿，随便插嘴，也是粗鄙俗劣的表现。不讲别人不感兴趣的话题，要把所有人的谈兴都调动起来。

当然，我们还应意识到：说过头的话、刻薄话、挖苦或讽刺话、伤害感情的话都会给别人的心灵留下创伤。尽量避免舌头惹麻烦，不搬弄是非，不说人之短，不谈他人隐私。当遇事应当表露时，不要畏畏缩缩，鼓不敲不响，话不说不明，要勇于把当时的情况讲明，否则会人为地引起麻烦，产生误会，事后难以说清。

夸张的词有一种引人注意的效果，但用得太滥，反而使人不相信。你不可能每次说的都是最重要的消息，不可能每次都讲最动人的故事，随时、随地经常出现"最"这个字，别人会认为你是个喜欢夸大的人。

最后，有些人经常由于自卑心理，嘴张不开而不敢说。或因某种原因而不屑开口说。孔子说："志有之，言以足志，文以足言；不言，谁知其志？"就是要让人不要耽于沉默或不要无谓沉默。其实说话和写文章一样，关键是第一句，你只要勇敢地讲出第一句话，紧接着第二、第三、第四句就会跟着吐出来。所以把话说出来是关键，因为无论怎样你表达了自己的思想，而与人交流才是学习和进步的阶梯，不要当故作深沉的智者，把自己封闭起来并无益处。

语言是人的力量的统帅

马雅可夫斯基曾说："语言是人的力量的统帅。"意即精湛的口语表达艺术在社会生活和人际交往中具有不可估量的魅力和能力。公元前14世纪，商朝明君盘庚用生动质朴、雄辩有力的语言，说服了难离故土的民众，实现了迁都的主张；周恩来、陈毅在风云变幻的国际政治生活中善于辞令，口才横溢，大大提高了新中国的国际地位和声望，长了中国人民的志气；国际金融家萨克斯说服美国总统罗斯福尽快研制生产原子弹，从而为尽快结束第二次世界大战奠定了重要的基础；在当今经济建设的过程中，商务谈判时中肯有力的言辞会迫使对方作出让步，或取得共识，以利于达成协议；慷慨陈词，促成外引内联，就会振兴一方经济。所有这些，都说明通过充分发挥口语表达技巧的口才艺术，能够创造巨大的精神财富和物质财富。在社会生活和人际交往中，不重视或不懂得口语表达规律，总是会带来或轻或重的不良影响甚至造成失败。赫鲁晓夫曾在联合国大会上作过一次感情充沛、内容丰富的演讲，但因为演讲最后他激动得几乎忘乎所以，用脱下的一只皮鞋代替手掌在讲台上使劲拍打而使整个演讲宣告失败——粗鲁无礼的体态语，引起全场一片哗然，不但没有取得预期的效果，反而留下了笑柄。

富兰克林的自传中有这样一段话："我在约束我自己的时候，曾有一张美德检查表。当初那表上只列着12种美德。后来，有一个朋友告诉我，说我讲话时有傲气，这使人觉得盛气凌人。于是我立刻注意这位友人给我的忠告，我觉得它足以影响我的前途。然后我在表上特别列上虚心一项，我决定竭力避免说出一切直接触犯别人感情的话，甚至禁止自己使用一切确定的词句，像'当然'、'一定'、'不消说'……而以'也许'、

'我想'、'我认为'、'就是这样'、'大概'、'或许'……来代替。"富兰克林又说，说话和事业的进展有很大的关系，是一个人力量的主要体现。你如出言不慎，跟别人争辩，那么，你将不可能获得别人的同情、别人的合作、别人的助力，这是千真万确的。所以，一个人想获得事业上的成功，必须具有能够应付一切的口才。要使别人瞧得起自己，先要自己瞧得起自己，决不可露出乞怜的样子。你可以谦逊，但决不可谄媚。你不可单是唯唯诺诺，使人觉得你的语言没有动人之处。你发表意见时不可肆意批评别人；更不可告诉对方说你的计划一定成功，如果雇用你，必可使业务发展等语——这只能让对方心里称许，不应由自己说出。自夸必连带着固执，这种态度只会使人厌恶。去访问一个人，把目的简单地说出之后，你就应该告辞。即使环境许可你逗留一些时间，你也应该立刻把话题转到别处。

比如求职应聘，最重要的是表现自己的资格和能力，不过打肿脸充胖子的行为是不宜的，只能欺骗一时。如果应聘令你胆战心惊，那么这也许是你深深地明白自己肚子里究竟有几滴墨水的缘故。这时谈话的范围要守在一定的界限内，不要谈办公室的陈设，不要谈对方的一身装束，而且要有一定的时间观念，你必须把你的资格和能力浓缩表达，在一个很短的时间内将其交代清楚，所以这时就是检验你所受训练、教育及能力如何的关键时刻。

在工作上，要能胜任并心情愉快，不要摆一副冷面孔，尽量减少情绪上的困扰及不切实际的空想。你可以和同事谈谈工作上所需要的知识，谈谈工作上的经验，要诚心诚意，不存任何成见。在一块儿工作的人，必须彼此尊重、关心，互道平安，态度温和，坦诚相待，心中有话就要直言不讳。

再者，失言是常有的事。不要故作糊涂，或者虚张声势。应该立即承认自己犯了错误，认错同样能赢来尊重，而且还会大大增加你说话的力量，使你往后所说的每一句话都掷地有声。

Part2 好口才给你的人际交往带来红利

　　在社会上，人们的能力有高有低，有成功的也有失败的，要想快速地了解他们，不妨看看他们的口才。口才的好坏，其主要表现是说话的艺术。语言的力量能征服世界上最复杂的东西——人心。人际交往中，如果你拥有了好口才，那么你就能结识更多对你有帮助的人，这就是好口才给你的人际交往带来的红利。

口才交际，成功的阶梯

在西方有位哲人说过："世间有一种成就可以使人很快完成伟业，并获得世人的认识，那就是讲话令人喜悦的能力。"人才也许不是口才专家，但有口才的人必定是人才。口才是现代智能型人才的基本素质，思维敏捷、能言善辩是事业成功的保证，一个善于说话的人，首先必定具有敏锐的观察力，能深刻认识事物，只有这样，说出话来才能一针见血，准确地反映事物的本质；其次，还必须有严密的思维能力，懂得怎样分析、判断和推理，说出话来才能滴水不漏，有条有理；最后，还必须有流畅的表达能力。间接来说，知识渊博，话才能说得生动通顺，正因为口才具有综合能力的特征，所以说：口才是知识的标志，是人际交往必备的工具，是事业成功的阶梯。

在2000年记者节"点击中国记者"活动中，《东方时空》节目主持人白岩松又一次展示了他口才的魅力。在这次活动中，一位女记者向他提出了两个比较难答的问题："如果把节目（指白岩松新主持的节目《子夜》）的完美比作地平线的话，您认为距离这地平线有多远？另外，您的新节目起点有多高？"

白岩松几乎未加思索就回答了她："距离完美的地平线就一天的路程——明天，就在明天。至于我的新节目的起点嘛，是一米七九——也就是我的身高。"两句妙答赢得了包括那位女记者在内的全场观众的热烈掌声。

记者的提问往往是漫无边际的，从轰动全球的国际事件，到使你面红耳赤的生活隐私，没有一样不是记者所关心的，对此很多职场外交人员都不敢掉以轻心，一旦有个闪失，很可能引起一些不必要的麻烦。而白岩松面对记者咄咄逼人的问话，丝毫没有惊慌失措，而是冷静应对，妙言相答，以他的口才赢得了职场上的成功。

在社会上，人们的能力有高有低，有成功的也有失败的。要想快速地了解他们，不妨看看他们的口才，口语能力的高低，其主要表现是说话的艺术。语言的力量能征服世界上最复杂的东西——人心。通过好口才这一媒介，不熟识的人可以熟识起来，长期形成的隔阂可以消失，甚至单位之间、社会集团之间、国家之间的矛盾有时也可以通过它得到解决，若是语言运用不当，也可能交际失败，甚至损害自身的形象。

追寻人际交往的动情点

生活中，常有一些日子与特定场景让人极容易动情——这是一些让人充满遐思与期盼的富有纪念性的日子。抓住这些动情点，适当地传递你充满深情的祝福话，若是朋友，足可以使友谊之花再次盛开；若是恋人，足可以增添几分甜蜜几分浪漫；若是家人，足可以温暖每一个成员的心房；若是同事，则会多几分亲近和信任。

志红与紫琦是一对合租的姐妹，但由于她们一个来自北方，一个来自南方；一个来自城市，一个来自乡村，无论是生活习惯，还是做事方法、思维方式都有很大的差异。这些都使她们相处得不是很融洽，一段时间以来总是磕磕碰碰，大矛盾没有，小矛盾不断，使她们各自的生活都感觉很压抑。她们甚至想过要搬开住，但是北京的房子本来就不好找，再去寻找合适的合租伙伴就更是难上加难。虽然她们心里不愉快，但毕竟彼此身上也并没什么让人无法容忍的毛病，最起码住在一起是很踏实的，她们并不想真正分开再各自寻找住处。

有一天，她们又不知道是为什么互相不再说话，不再打招呼了，室内的空气也几乎可以让人窒息。来自乡村的志红不想让这种气氛继续下去，她决定寻找一个合适的方法打破安静。她仔细地回想着她们几天来的相处，琢磨着她们为什么又成了这样，但百思不得其解，因为她们之间从来也没有发生过明显的矛盾，或许又是一些生活习惯上的小毛病让双方不想开口了吧。但不管如何她都想打破这场僵局。

晚上看电视的时候，电视中有人过生日，还唱着欢乐的生日歌。这一场景一下子提醒了志红，她想了起来，第二天就是紫琦的生日了。

于是志红第二天下班没有直接回家，而是先去商场里挑选了一个漂亮的紫色花瓶，并用鲜亮的包装纸特意包装了一下，加上由彩带做成的蝴蝶结，也使整个礼物显得非常的美观大方。回到家里，她拿出准备好的便签纸，写上了几句优美的生日祝福话，亲手送给了紫琦。紫琦收到礼物本来就是在她的意料之外，再打开礼物一看正是她喜欢已久的花瓶，一下子就开心地笑了。然后还亲自动手给志红做了一顿丰盛的晚餐，两个人开开心心地和好了。

这则故事中，志红就是巧用了紫琦的生日及时送上了自己的关心，抓住生日这个动情点，温馨而又充满友谊地打破了朋友间的僵局。

在日常的人际交往中，若能处处留心，这样的动情点会有很多。比如，这一天是金榜题名时，要重新开始人生旅途中新的征程；这一天，是论文答辩成功时，即将走向社会开始建树人生；这一天，是你与心上人的良宵佳日、洞房花烛时，充满了甜蜜与浪漫的回忆；这一天，是烛光摇荡的生日，又令你回头注目人生道路上的深浅脚印；这一天是新春佳节，这一天是中秋月圆……所有这些都令人充满激情。

这就是人际交往中存在的许许多多美丽的动情点，这就是人际交往中处处时时体现出的人类真善美的闪光动情点。

在一个家庭中，上下辈的理解与沟通，夫妻间的关心体贴，兄弟间的手足亲情，就正体现在你对亲人的某些动情点的追寻上。聪明的婆婆每一年都会记着给她的儿媳过生日；孝顺的儿女每逢父母生病时，总是会守候在父母的病床前；一次电话，一个短信，一个拥抱，都可以是人们在佳期将至时对亲人祝贺的一份薄礼。有一位丈夫，就是在妻子生日的那天，用一束鲜花，一个美丽的生日蛋糕，35支红、黄、蓝的小蜡烛，创造出一个欢快祥和、充满爱的温馨的气氛，来弥合他与妻子婚后数年日趋扩大的感情裂痕，驱散笼罩在他们各自心头的阴影，使妻子出现了多年来难得一见的蜜意柔情。追寻动情点，可以给你的家庭带来美满和谐和温馨。

在一个单位里，同事间的相互配合关照，朋友间的相互理解尊重，也常体现在你对他人的许多动情点的捕捉追寻上。当朋友成功的时候你不妨真挚地去祝贺一声；当同事遭遇不幸的时候，你也不妨诚心实意地去安慰一下。宽容地付出，大度地付出，你一丝一毫爱的举动都能激起他人感情世界的层层涟漪。朋友告诉我，他就是在一次吊唁一位同事病逝的母亲的过程中，融洽了他与那位同事间的关系。那一次，十多里的路程，一路泥泞，一路辛苦，终于使彼此间两年多久积的误会与埋怨一扫而空。追寻动情点，将给你和你的同事朋友之间带来无限的友情。

在上下级间，也同样体现在领导者们对其下属动情点的把握与追寻上。从衣食住行到婚丧嫁娶，从节日慰问到病中探视，领导者每一个细微的关注都会激起下属内心深处的高昂积极性，领导者每一个动情点的追寻都会唤起职工们加倍工作的巨大热情。追寻动情点，将给你和你的下属带来一种全新的上下级关系。

在我们的人际交往中，追寻那些美丽璀璨的动情点，它将使我们的心灵世界充满阳光，充满爱意，充满温馨。

见面说话礼先行

荀子说："人无礼则不生，事无礼则不成，国无礼则不宁。"所谓"礼"，是教人尊敬与关心他人，使之合乎情理。所谓"节"，是教人言谈举止恰如其分，使之合乎事理。因而，大到国与国之间，小到人与人之间的交往，遵守礼仪，多多益善。

社会学认为，人的一辈子要扮演诸多的角色：为人子、女，为人夫、妻，为人父、母，为人下属，为人领导；与人为友，与人作对，与人为邻……一刻都不得空闲，不管你喜不喜欢，由此而衍生出来的各种关系把你困在网中央。

当你与人交往时，第一要求就是要做到言之有理。如当你在日常生活、工作中与人见面，说话要讲究语言的文雅。

有一次一位中国乘客坐飞机时，一位后到的外国乘客要进入他的里座，这位外国人非常礼貌地说"pardon"（对不起），当他侧身进去时，又因通道狭窄，两人身体擦了一下，又点头致意，说"sorry"（抱歉）。这位外国人的友善话语博得了对方的好感。在社交场合，你应尽量选择温和、亲切的语调、语气，以显示你的友善，同样的话语，如果使用的语调、语气不同，表达的意思也不同。同样是一句"对不起"，可以表示致歉或友善的情感，也可以表示威胁或讽刺、挖苦。

今天的社会及职场所欠缺的常常就是这些看似不起眼的礼貌用语和举止。在现实生活中也不乏有这样的事例：有些仪表堂堂的男士，尽管他衣冠楚楚，俨然一副绅士模样，但由于举止轻浮、言谈粗鲁，仍然给人留下了十分不好的印象。而另一些温文尔雅、彬彬有礼的男士，尽管其仪表稍差一些，但由于言谈有礼、举止得体，仍能给人留下好的印象。那些阅历丰富，独具慧眼的人往往更习惯于依据一个人的举止，尤其是一些细微的举止来判断人，因为人的仪表可以通过别具匠心的包装而在一夜之间彻底改观，而人的举止则需要长期的培养与累积才能形成。因此，为了自己成功的交际，我们要时刻注意见面说话要"礼"先行。

首先，开口说话太俗应为一忌。如对长者不喊"大爷""大妈"、"先生"而是叫"老头""老太婆"之类的俗称，对幼者不是用"小朋友""小同学"之类称呼，而是用"小把戏""小东西""小家伙"，这样的俗称有时用在家庭或朋友间倒也未尝不可，但与人接触之初就不行了。

其次，开口说话太粗应为二忌。鲁迅先生在半个多世纪之前写过一篇杂文，名之为《论"他妈的"》，批评中国的不少人，就连父与子，幼与长都用"他妈的"，对此，鲁迅感慨万千地称之为"国骂"，他说："其实，好的中国人之中，并不随口骂人的多得很，不应该将上海流氓的行为加在他们身上。"我们一定要把讲粗话这种"流氓恶习"彻底铲去，如同古人所说的那样："刻薄语，秽污语，市井气，切戒之。"与人见面时，说话还要讲究话语的和气。心平气和地同别人说话，要以理服人，不要用权势去压服人，更不要恶语伤人。政府推行"公务员礼规"，规定说话必须和气，有礼节。警员在马路上有权检查人们的身份证，检查完毕，很客气地说："打搅你了，你可以走了。"双层巴士（公共汽车）车身入口写有"超载属违例，乘客请合作"，银行营业大厅内墙上写有"废纸杂物请投入箱内，多谢合作"，公共厕所内墙上写着"地面较滑，敬请小心"等。

与人见面时，说话还要做到话语谦逊，要养成对人用尊敬话语，对己用谦辞的语言习惯，一般应称呼对方为"您""同志""先生"，不要动不动就喊"喂"！要多用商量和祈求的语气，少用或不用命令的语气。客人来了应热情招待说："您请坐！"送客时说一声："欢迎您再来！"感到室内闷了，可以问一声："打开窗户好吗？"在公共汽车上，有人挡道，就说："同志，请您让一让！"这种谦逊的语气，让人乐于接受。

言语交际中的"兜圈子"技巧

一位农村小伙和姑娘暗暗相爱，都羞于直接表白。一天，两人在田间相遇，姑娘灵机一动，指着在花间飞动的蝴蝶问小伙："你说为什么只见蝴蝶恋花，不见花追蝴蝶呢？"小伙一时发蒙，"花怎么能追蝴蝶呢？"

转瞬明白了对方的意思，坦率地表达了对姑娘的爱慕之情。这位姑娘此情此景就用了兜圈子的技巧，她无疑而问，言在此而意在彼，话语婉曲、巧妙，既实现了完美的表情达意，又不丢脸面，不落人口实，获得了一种含蓄委婉的言语效果

在以往，心直口快、快言直语的人都是被人们所称赞的，因为这样的人真诚、实在。但现在已经越来越不受欢迎了，因为有时候，直言快语的效果并不佳，轻者损害人际关系的和谐，重者会因为心无城府而造成不少的麻烦，违背言语交际的初衷。所以有时有意绕开中心话题和基本意图，采用"兜圈子"的说话方式，从不相关的事物、道理谈起，却常能收到较理想的交际效果。

请看下面的几个例子：

1. 一位年轻媳妇，见小姑穿了件新的羊毛衫，猜想是婆婆买的，故意高声对小姑说："嗬，从哪里买来的羊毛衫，真漂亮！"婆婆在一旁答话："从对门商场买的，刚到的货。我先买一件，让你们穿上试试，要看中了，下午再买一件。你们俩一人一件。"

2. 一天，某青年教师早早回家做了一锅红枣饭。妻子下班回来，端起碗，高兴地问："这枣真甜啊，哪来的？"丈夫说乡下姨妈捎来的。妻子不无感慨地说："姨妈想得可真周到啊，年年捎枣来！"丈夫说："那还用说，我从小失去父母，就是姨妈把我抚养大的嘛！"妻子说："她老人家这一生也真够辛苦的。"稍停，丈夫忽然叹了口气，说："听捎枣的人说，姨妈的老胃病又犯了，我想……""那就接来呗，到医院好好治治。"不等丈夫把话说完，妻子说出了丈夫想说还未说出的话。

3. 晚饭后，几位青年人去拜访某教授。谈到夜深，教授接着青年人的话题说："你提的这个问题很值得研究，明天我去A城参加一个学术会，准备就这个问题找几位专家一块聊聊。"几位青年立刻起身告辞："很抱歉，不知道您明天还要出差，耽误您休息了。"

在第一个例子中，年轻的媳妇喜欢上了婆婆给小姑买的新羊毛衫，想

要却又不好意思直接开口，只好转向小姑夸奖新羊毛衫的漂亮，以顾左右而言他，达到目的。第二个例子中，青年教师想接姨妈来城里治病，担心直接说出来媳妇不会同意，于是采用了"兜圈子"的说话技巧，通过吃枣饭、忆旧情，造成一种适宜的氛围，然后再说姨妈生病，而让妻子接过话题，说出接姨妈的话。这样言来语去，自然圆满，比直说高明多了。在第三个例子中，教授因为第二天要出差，想早点休息，但碍于情面，又不好直言辞客，而是巧妙地接过对方话题一兜，说出了第二天的安排，达到了辞客的目的，话语委婉得体而不失礼仪。由此看来，说话兜圈子，有时候确实是必不可少的，它能起到直言快语所不能起到的作用。

以上三个例子都不属于直言快语的说话方式，但说者礼貌，听者明白，也都达到了直言快语的效果。

著名语言学家王力先生也曾说过兜圈子是一种说话的艺术。但兜圈子的说话方式也不是随便哪种场合都能用的。要正确运用这种艺术，首先要善于分辨言语交际的具体情况，做到当兜则兜，不当兜还是直说为好。言语交际中兜圈子主要有如下几种情况：

1. 顾及情面，有些话不便直说，可以兜。比如婆媳之间、恋人之间、两个亲家之间、朋友之间、客户之间等情感都是需要慢慢建立的，基础欠牢固，交往中双方都比较谨慎、敏感，言语中稍有差错，都会带来不快或产生误解、造成矛盾。像第一个例子中的那位年轻媳妇，如在娘家面对亲生母亲，大可不必兜圈子，但在婆家面对婆婆，就不好直说要东西了。而她的兜圈子，既达到了要羊毛衫的目的，又不失情面。

2. 出于礼仪，有些话不便直说，可以兜。中国是一个历史悠久的文明古国，素称"礼仪之邦"，具有文明礼貌的社交风尚。人们在言语交际中，十分注意话语的适切、得体。私人场合、知己朋友，说话可以直来直去，即使说错了，也无伤大雅。在公共场合，对一般关系的人，特别是晚辈对长辈，下级对上级，对待外宾，说话就要特别讲究方式、分寸。为了不失礼仪，说话就常需兜圈子。比如第三个例子中那位教授的话，就与特定的交际场合、对象、自身的身份相称，实现了和谐的沟通。试想，如果直言相告明天去出差，改日再谈，虽可以达到辞客的目的，但会把对方置于较为尴尬的处境，这也有失教授慈祥和蔼的一面。

3. 某种事情或某个意思，直接挑明，估计对方一时难以接受，一旦对方明确表示不同意，再要改变其态度，就困难多了。在这种情况下，为了强调事理，征服对方，就可以把基本观点、结论性的话先藏在一边，而从有关的事物、道理、情感兜起。待到事理通畅、明白，再稍加点拨，自能化难为易，达到说服对方的目的。第二个例子当中那位教师就是针对这种情况而兜圈子的。如果他直言接姨妈来城里治病，妻子不一定同意。而通过吃枣饭、谈红枣、忆旧情，事理人情双关，形成了接姨妈的充分理由，水到渠成，所以不用自己讲，妻子就顺理成章地说出了他的心里话。

兜圈子在以上情况下是能产生一种含蓄委婉的语言表达效果，但含蓄委婉的话却并非全是兜圈子。兜圈子更不是猜谜语、说隐语，它是曲径通幽，最终要让对方理解自己的意思，如果兜来兜去，把对方引入迷魂阵，就不好了。再者，兜圈子这种说话艺术一定要慎用，当兜则兜，不然，兜之不当，会给人啰嗦、虚伪之嫌，与交际目的相背离。

抓住交际的最初四分钟

信纳德·佐宁博士的《交际》一书中谈到，陌生人之间接触的头四分钟是至关重要的。他在书中对建立新的友谊的朋友说："当你在社交场合中遇到陌生人，你应把注意力集中在他身上四分钟。很多人的生活将因此而改变。"

在生活中，大家可能都有过这样的经历：当一个人处在陌生的环境中，一般并不专心致志地注意自己刚认识的人，他不断地东张西望，似乎在寻找更加有趣的人。如果谁这样对待你，我相信你一定不会喜欢他。而当我们被介绍给新朋友时，信纳德·佐宁博士说，我们应当尽量显得友好和自信，因为"人们一般都会喜欢喜爱自己的人"。

另外，有些人胆子非常小，不敢主动向对方问好。其实，这并不是一件难事。只要抛弃自己胆怯的心理，大胆地跟他说："我一直想跟你说话，但是我很怕接近你。"此语虽然是单刀直入，但会令对方无法拒绝你。这不仅让你能开始下面的谈话，而且还是种最有效率的沟通方式，省了一堆繁文缛节。不管如何开始交流，我们都不能让别人认为我们很自负，对别人显示出兴趣或表示同情是很重要的。要知道别人也有自己的需要、恐惧和希望。

美国新泽西州州长威尔逊，刚当选后不久，有一次赴宴，主席介绍说他是"美国未来的大总统"，这本来是对他的一种恭维和颂扬。而威尔逊又是怎样应酬的呢？首先威尔逊讲了几句开场白，之后接着说："我转述一则别人讲给我听的故事，我就像这故事中的人物。在加拿大有一群钓鱼的人，其中有位名叫约翰逊的人，他大胆地试饮某种烈酒，并且喝了很多。结果他们乘火车时，这位醉汉没乘往北的火车，而错搭往南的火车了。那群人发现后，急忙打电报给南开的列车长：'请把那叫作约翰逊的矮人送到往北开的火车上，他喝醉了。'他既不知道自己的姓名也不知道目的地是哪儿。我现在只确实知道自己的姓名，可是不能和你们的主席一样，确实知道自己的目的地是哪儿。"听众哈哈大笑。威尔逊接着又讲了一个滑稽的故事，使听众们心情非常愉快。从此，威尔逊声名大振。

威尔逊利用绝妙的口才，几分钟的时间就把一群陌生的人变成了自己的朋友。而你或许会说，你不是一个天性友好或自信的人，根本做不到威尔逊那么自信怎么办呢？

佐宁博士认为，只要实践几次，是完全可以改变自己的社交方式的。只要想改变自己的性格，我们终究会习惯的，这就像买了一台新电脑，起先你可能觉得不熟悉、用起来也很不顺手，但是它总比旧的好。

是否说，天性不善友好和矜持的人，表现出友好或自信是一种不诚实的行为呢？佐宁博士的观点是：或许吧，"完全的诚实"对于社交关系来说往往并不合适，特别是在相互接触的头几分钟，这时可能有各种各样的表现，但是适当的表演，在和陌生人的交际中是最好的一种方式。这时不是抱怨自己的健康问题或找别人的缺点的时候，这也不是彻底地把自己的观点和印象和盘托出的时候。佐宁博士建议说，这几分钟的相聚必须小心，一举手一投足，一言一行都会给别人留下深刻的印象，如果你讨论了令人不愉快的事情，以后你需要着手做很多事情都不见得能扭转你在别人头脑中的印象。

让对方感到相见恨晚

有的人似乎生来就能和他人一见如故、相见恨晚。我们身边就经常会有这样的人，他总是和人笑着说话，在常人看来毫无笑的必要性的场合，他也笑口常开，而听他说话的那些人，即使是对他的话题再不感兴趣，似乎也不忍掉头走开。

任何人都不愿意自己给人留下难以交往的印象，就算是那些冷漠、寡情的人也在不断地寻求一种通道，达到与他人的交流和沟通，更何况谁也不愿孤独地生活在世界上。人与人之间的联系越来越频繁，广交朋友、多交朋友似乎已成为一种社会的时尚。如果，在你与人相处之时，能保证对方心情愉快，没有丝毫的戒备、恐惧和不安，自由的空气和欢乐的气氛始终围绕着他，那么你就能让对方感到相见恨晚，成为让他终生难忘的人。

1. 说好第一句话，用你的语言表达出你的关心和爱心

世界上的爱是最有说服力的，温柔的爱、忍耐的爱、宽容的爱用在社交上，具有无坚不摧的能量，爱的情感始终活跃在人们的心头，任何人也都渴望着被人关心、被人爱，但一般人对被关心、被爱似乎缺乏信心，所

以你尽可以用你的语言去表达出你对他人的关心和爱心。

虽然万事开头难，但若你在交际场上与陌生人见面，第一句话就表达出了你的关心和爱心，留给对方的第一印象肯定会是"一见倾心""相见恨晚"。

初次见面，同对方说："我看你好像面熟得很，跟我一个好同学特别像，她叫刘美玲，你呢？是她姐姐还是妹妹？""你坐，你坐吧，来，大家挤一挤。我每天坐这班车，人总是很多的，而且越走人上得越多，你现在坐好，省得挤着你，我一会儿就下去。"

短短一句话，就缩短了与陌生人之间的距离。

赤壁之战中，鲁肃见诸葛亮的第一句话是："我，子瑜友也。"子瑜，就是诸葛亮的哥哥诸葛瑾，他是鲁肃的挚友，短短的一句话就定下了鲁肃与诸葛亮之间的交情。

其实，任何两个人，只要彼此留意，就不难发现双方有着这样或那样的"亲""友"关系。即使没有关系，也是可以创造条件拉近关系的。再及时地表现出你的关怀和爱心，很容易让他人接受你，愿意倾听你说话，即使是从你嘴里说出的指责人的话，由于充满了你的爱心和关心，他人也会对你好感倍增。

2. 寻找共同感兴趣的话题

有人说："交谈中要学会没话找话的本领。"所谓"找话"就是"找话题"。写文章，有了个好题目，往往会文思泉涌，一挥而就；交谈，有了个好话题，就能使谈话融洽自如。

与陌生人开口交谈关键是要找到共同点。你可以从一个人的服饰、举止、谈吐看出他的心情、精神状态和生活习惯。开始谈话前首先看对方有何与自己相同之处。例如，他和你一样都穿了一双耐克气垫运动鞋，你可以以耐克鞋为话题开始你们的谈话。与陌生人交谈，你最好寻找对方也熟悉的人和事，以此牵线搭桥，引出话题。尤其是双方都与之关系很深的人和事。当谈到此类话题时，你们之间的距离就会很快缩短。

一位小学教师和一名泥瓦匠，两者似乎没有相同之处。但是，如果这个泥瓦匠是一位小学生的家长，那么，两者可以就如何教育孩子各抒己见，交流看法；如果这个小学教师正要盖房或修房，那么，两者可以就如何购买建筑材料、选择修造方案沟通信息、切磋探讨。只要双方留意试探，就不难发现彼此有对某一问题的相同观点、某一方面共同的兴趣爱好、某一类大家共同关心的事情。一次刘小姐在拜访陌生人时，见其墙上挂有"制怒"二字，便知对方有克服易怒缺点的要求。便问道："您平时很爱发脾气吗？"对方答："我很容易冲动，但明知自己有这个毛病，有时却控制不了，为了提醒自己，就写下来挂到墙上，时刻告诫自己。"刘小姐由此话题谈开，先是表示非常理解，继而谈出自己的看法，对方也就同一问题谈出感想，两个人谈得非常投缘，这样就缩短了相互间的距离，两人颇有"相见恨晚"之感。有些人在初识者面前感到拘谨难堪，只是没有发掘出共同感兴趣的话题而已。

有了好的开端，找到了共同的话题，再加上你的热情大方、妙语连出、幽默自然，纵使萍水相逢，也会一见如故。

自嘲，化解交际中尴尬的法宝

在生活中，我们不可避免地会遇到一些尴尬的情况：由于粗心大意给别人造成损失觉得对不起人家时，会感到尴尬；由于说话不得体弄得自己和他人都很难堪时，会感到尴尬；受到冷遇，坐冷板凳时，会感到尴尬。总之，人在尴尬时，实在是左右为难，手足无措，甚至觉得无地自容，恨不得找个地缝儿钻进去才好。此时，如果能恰当地运用自嘲，就能帮你走出尴尬。自嘲，即自我嘲弄，表面上是嘲弄自己，但实际上却另有所指。交际中运用得好，就能让尴尬变成笑声，在笑声中展现出你非凡的智慧和人格魅力。

1. 盛情难却时，自嘲帮你妙回答

当有熟人为某事求你帮忙，或者出席某个场合时，而你由于种种原因不能帮忙或出席。这时，运用自嘲的语言，既可以表达自己的拒绝意图，又不至于伤了你们之间的感情，避免尴尬局面的出现。

有一次，和林肯关系非常要好的一位报界友人邀请林肯到一个编辑大会上发言。林肯并没有做过编辑，对编辑工作一无所知，所以出席这样的会议肯定是不合适的。但是直接拒绝友人又不太好，于是林肯给他的这位朋友讲了一个这样的小故事："有一次，我在森林里遇到一个骑马的妇女，我停下来让路，可是她也停下来，目不转睛地盯着我看。她说：'我现在才相信你是我见过的最丑的人。'我说：'您大概讲对了，可是我又有什么办法呢？'她说：'是的，你生了这副丑相是无法改变的，但你还是可以待在家里不出来嘛！'"友人不禁为林肯幽默的"自嘲"而哑然失笑，同时也明白了林肯的意思，于是就不再勉为其难。林肯也就不用出席这次编辑大会了。

2. 谈判陷入僵局时，自嘲帮你以退为进

谈判陷入僵局，双方各自坚持自己的观点，难以达成一致意见。这种情况下，如果恰当地运用自嘲，能以退为进，就会收到意想不到的效果。

某蔬菜公司一位副科长到外地调运蔬菜，卖方想趁机捞一把，因而报价很高，双方的谈判眼看就要搁浅，这让副科长心急如焚。然而，为了稳住对方，他摆出一副无可奈何的样子自嘲道："其实，你们把我给看高了，我只不过是个小科长，还是个副的，手里能有多大的权力？再说，天气这么热，我花大价钱办一笔赔本的买卖，这个责任我担当得起吗？"他这一番"自嘲"既表明了自己在价格上的态度，又让对方感到在价格上使他让步是强人所难。于是，卖方不再坚持自己的要价，双方顺利地完成了交易。

3. 遇到突发事件，自嘲帮你从容应对

在生活中，可能遇到一些突发事件，让你感到措手不及，一时不知道如何应对，陷入尴尬的境地。此时，如果你善用"自嘲"，就能巧妙地化解尴尬。

《伊索寓言》里有这样一则寓言：有个光头，为了遮羞，用别人的头发戴在头上，骑着马出门。在路上，一阵风把假发吹落，人们看到他的秃顶全都捧腹大笑。光头不紧不慢地说道："这头发本来就不属于我，从我头上掉下，又有什么好笑的呢？它不是也离开了原来的主人吗？"

在这段寓言中，主人公如果在头发被吹落后，手忙脚乱地跳下马，拾起假发，再戴到头上，那么只会让众人的笑声更大，他自己更是尴尬没面子。而光头运用诙谐自嘲的语言，巧妙地替自己解了围，顺便还调侃了一下头发原来的主人，可谓是高明的说话方式了。

4. 遭遇窘境时，自嘲帮你体面脱身

当你面对突如其来的窘境时，生气动怒，是不能帮你摆脱窘境的。此时，如果你能巧妙运用"自嘲"，就能体面地脱身。

有这样一则小故事：餐桌上盛龙虾的盘子里仅剩下最后一只，李志对它垂涎已久。可是，当他的筷子将要和龙虾亲密接触的一刹那，有一个不长眼的抢先一步夹走了它。此时，李志感到不知所措。这时，只见他用筷子轻轻地敲了敲那盘子，嘴里说道："请大家猜一猜，这盘子是不是景德镇出产的？"

这虽然是一段略带有一些无厘头喜剧电影风格的台词，然后它却给我们提供了一种思路，一种随机应变、用幽默的语言或者是略带夸张性的动作来解嘲的思路，不至于使人处在窘境中无法脱身。

5. 剑拔弩张时，自嘲帮你缓和矛盾

春节刚过，小李在公共汽车站上等车时，挤了一个中年人一下。没等小李开口说"对不起"，便听那中年人开口说："猪年才到，就这么拱，要拱到年头，那还不把这站台拱个大洞！"人群中顿时爆发出一阵笑声。小李也不是"省油的灯"，马上回了一句："怪，狗年都过了，怎么还乱叫！"这一下，人群笑得更欢了。就这样，两人你一言、我一语地不停对

骂。围观的人越来越多，小李心想再这样骂下去和那中年人非动手不可，于是就自嘲说："唉，大哥，到底是你比我多吃几年咸盐，走过的桥比我走过的路都多，你比我幽默，我认输！"小李一句自嘲的话，说得中年人也很不好意思。一场火药味十足的对骂就这样被他化解了。

人与人之间摩擦无时不在、无处不有，这时候如果两人针锋相对、互不相让，就容易引发矛盾冲突。就像上面事例中的公共场合，若是你面对众人的围观，也许想结束这场闹剧，但又不想委曲求全甘拜下风。那么，你就可以像小李那样运用"自嘲"的说话方式，既化解了矛盾、避免了冲突升级，又能显示出你为人处世的大度胸怀和高尚风格。

其实，遇到尴尬并不难办，只要你记住六个字：既来之，则安之。人在尴尬时只要稳定情绪，从容应对，调动自己人生智慧的积累，是能尽快走出尴尬境地的。如果确实是自己错了，不如主动诚恳地认错；如果是由于自己举措不当或某些缺陷，受到别人的议论讥笑，那不如开个玩笑，调侃一下，来个自我解嘲；如果对方故意冷落自己，或者对方不通情理，那就不如泰然处之，漠然置之。总之，要从容、镇静，不要纠缠于琐事之中。事情过后，也不要耿耿于怀、悔恨、羞愧，形成沉重的思想负担，甚至因而影响了健康。所以在日常交际中，当你学会了如何运用自嘲时，你也就掌握了化解尴尬、维护尊严和制造快乐的一种有效办法！

自信的言谈举止助你"放大"形象

言谈举止是一个人精神面貌的外在体现，要开朗、热情，让人感觉随和亲切、平易近人，容易接触；而自信的言谈举止则可以在交际中"放大"你的形象，因为自信的目光是自豪的，自信的微笑是成熟的，自信的力量是巨大的，自信的言谈举止是从容的。

很多人在社交中总担心没有出众的言谈来打动大家、吸引别人的注意，以至于造成精神上的紧张，使表情、动作都变得十分僵硬，这都是自尊心太强造成的。因此，应放松心情，保持自己的既有特点，而不要故意矫揉造作。

有的人在"亮相"时昂首阔步，气势逼人，在跟别人握手时要像钳子般有力，跟人谈话时死死盯住对方……这样故作姿态，不仅会令别人感觉难受，连他自己也觉得别扭。其实最好的办法是保持你原有的个性和特质，再加上大方的言谈举止与自信的神态，足以让你成功地展示出一个优秀的交际形象。

那么一个自信的人应该是什么样的呢？首先自信的人比那些没把握或企图有所掩饰的人，能正常地正视别人的眼睛，而且凝视的时间也较长；一个自信的人，谈话时可能没有掩口、摸鼻和抓头等姿态。因此在观察自信的姿态时，要注意与其相矛盾的表示怀疑或其他消极的姿态。

杨澜是传媒中优秀的主持人，凭着开朗的性格，敏锐、智慧而自信的言谈举止征服了亿万观众。

有一次观众问她："如果没进《正大综艺》，你将选择怎样的生活道路？"她一笑之间便举出一个例子来："我相信，如果我是一个饭店销售部人员的话，也不会做得很差的。假如今天主持人代表剧组来找到我说：'杨澜小姐，我们剧组想在你这儿包几间客房，能不能给点儿优惠呀？'我肯定会说：'可以，可你必须把我们饭店的名字打在后面的鸣谢字幕中，还必须停留多少秒！'"瞧，如此自信、精明、善于盘算的狡黠劲头，不是有股子令人不敢小觑的意味在其中吗？

再者就是谈到网络的时候，杨澜同样显示出一种"万物皆备于我"的自信和睿智来，说："我做网，不是为了做网而做网，而是为我的内容找到一个新媒体的出口而已。"如此实际，真乃商人的精明算计了！于是有人诘难："那么，网络就只是一个新鲜的工具？"她回答道："我觉得它只是我的一个水管，我还有其他的水管，还照样可以疏通的。"这个以水管来比喻网络的说法，可谓聪敏过人，那种出人意料的语言中，既无咄咄逼人的傲气，却又不乏某种藐视一切困难的味道。

杨澜面对刁钻难题时自信的形象、睿智的言谈，以及那种天马行空般的自由自在意蕴，更容易在五花八门的问题中，闪现出自身那五光十色的诡谲色彩来。

一个有相当成就且知道自己目标的人，在他身上常可感觉到自豪、朝气蓬勃的生活态度。这种人往往身板挺得很直，表明其自信心很强。正如上文中的杨澜那样，无论身处何种场合，面对何种刁钻难题，都会用充满自信的姿态去面对，让人不敢有任何小觑的念头闪现。或许这就是我们常劝年轻人要站直的理由。我的一位同事也对此深有体会：只要挺胸站直，就可以把他的感觉从沮丧变为坚定。

学会聆听别人说话

古希腊有一句民谚说："聪明的人，借助经验说话；而更聪明的人，根据经验不说话。"中国人则流传着"言多必失"和"讷于言而敏于行"这样的济世名言。

这些都给了我们这样的建议：在个别交往中，尽可能少说而多听。在我们身边，经常会有这样的人，他们喜欢多说话，总是喜欢显示自己怎么样怎么样，好像他们博古通今似的。这样的人，以为别人会很服他们，其实，只要有点社会阅历的人，都会不以为然。更聪明的人，或者说智慧的人，往往会根据自己的经验，知道自己要是多说，必然会说得多错得也多，所以不到需要时，总是少说或者不说。当然，到了说比不说更有效时，我们一定要说。

经朋友介绍，重型汽车推销员乔治去拜访一位曾经买过他们公司汽车的商人。见面时，乔治照例先递上自己的名片："您好，我是重型汽车公司的推销员，我叫……"

才说了不到几个字，该顾客就以十分严厉的口气打断了乔治的话，并开始抱怨当初买车时的种种不快，什么服务态度不好、报价不实、内装及配备不对、交接车的时间等待过久……

顾客在喋喋不休地数落着乔治的公司及当初提供汽车的推销员，乔治只好静静地站在一旁，认真地听着，一句话也不敢说。

终于，那位顾客把以前所有的怨气都一股脑儿地吐光了。当他稍微喘息了一下时，才发现，眼前的这个推销员好像很陌生。于是，他便有点不好意思地对乔治说："小伙子，你贵姓呀，现在有没有一些好一点的车，拿一份目录来给我看看，给我介绍介绍吧。"

当乔治离开时，已经兴奋得几乎想跳起来了，因为他的手上拿着两台重型汽车的订单。

从乔治拿出产品目录到那位顾客决定购买的整个过程中，乔治说的话加起来不超过十句。重型汽车交易拍板的关键，由那位顾客道出来了，他说："我是看到你非常实在、有诚意又很尊重我，所以我才向你买车的。"

因此，在适当的时候，让我们的嘴巴休息一下吧，多听听顾客的话。当我们满足了对方被尊重的感觉时，我们也会因此而获益的。

学会说话是一门学问，善于听话也是一种艺术。许多名人的经历也告诉我们：为人处世，说话、听话要有讲究，否则会处处树敌、事事碰壁。

我的老师是一位著名的心理治疗学家，无论是何种类型的来访者，他都能与之建立起和谐的人际关系。当我向他请教时，他曾告诉我："在引发我的兴趣之前，自己要先对别人感兴趣。"这个观念一直在指导着我的工作和生活，在面对朋友或来访者时，问别人乐于回答的问题，鼓舞别人谈论他们自己。

那些到我们心理咨询室的来访者一般都会信赖心理医生，因为他们知道我们是少数肯真心聆听他们的人。由于只有很少的人肯真正聆听别人，因此懂得聆听艺术的人，会获得他所需要的友谊，并加深已有的友谊。伏尔泰说过："通往内心深处的路是耳朵。"

著名的心理学家卡尔·罗杰斯说，有时当他的病人不断地倾吐他内心深处的感觉时，他会突然发现病人的眼中充满泪水，好像在说："感谢上苍，终于有人愿意听我说了。"

不同的场合，不同的对象，只要人与人交往就要说话。话有真话、假话、好话、坏话、空话、官场话、客气话、应酬话、口头话……立足社会，为人处世就要善于聆听与分析各种话，并区别对待。身为领导更应注意倾听。对真话、好话要认真听，就是出于爱护你的批评话，也要虚心听取，便于取长补短。有道是"兼听则明，偏听则暗"，这是身处领导地位所决定的。听取多方面的意见，便于集思广益，作出正确的决策，改进工作，提高领导水平。

善于听话，可以及时发现他人的长处，调动他人的积极性，使其充分发挥对工作的认真负责精神。有时善听者要比善说者受人欢迎。当今是信息时代，科学技术在飞速发展，社会化生产的整体性、复杂性、竞争性、多变性，决定了信息的重要性。因此，不论你是领导者、行业经营的管理者，还是一般工作人员，都需要交流。因此，只有善于倾听、汇聚和分析各方面的信息，才能更好地服务于工作和生产，促进事业的发展，做到与时俱进。

Part3 好口才给你的友谊带来红利

"良言一句三冬暖，恶语伤人六月寒。"人生没有朋友，就像是天上没有太阳。纯真的友谊不仅能使人获得上进的勇气，还能感到生活的欢乐。但友谊不会凭空而出，获得友谊需要秘诀，那就是坦诚的交流和你的金玉良言。

获得友谊的秘密

　　在漫长的人生旅程中，人要与周围环境中的各种事物打交道。但是，在所有的生活经历中，最耐人寻味的还是人与人之间的关系，而其中最广泛的关系要数朋友关系了。人生在世，离不开朋友，少不了朋友间的友谊。哲学家培根曾说过："得不到友谊的人将是终生可怜的孤独者。"因为多一个朋友，等于增加了一种信息源，多了一个保护层，多了一条生活之路、事业之路、快乐之路。

　　爱因斯坦因提出相对论而成为举世闻名的科学家。为了科学研究，他的爱好只保留了两项：一个是散步，一个就是拉提琴。每当拉小提琴时，爱因斯坦都会在小提琴悠扬的旋律中如痴如醉。

　　有一天，当爱因斯坦又在拉小提琴的时候，突然听到了一个声音："先生，有一个音是不是拉得太高了？"说这话的是每周一次来爱因斯坦家帮助修剪草坪的园艺工。他长相粗鄙，一看就知道是个缺乏文化素养的劳动者，天知道他怎么能通晓音乐的。

　　爱因斯坦这阵子也老觉着拉的小提琴走调儿。他闻声停了下来，饶有兴致地向园艺工讨教起来。

　　过了一个星期，又到了园艺工上门的时间，他如约向爱因斯坦家走去，却见爱因斯坦笑眯眯地恭候在门口了。"你再听听我拉的小提琴怎样了？"爱因斯坦说完就操起了琴弓。

　　听完演奏，园艺工又认真地提了些意见。爱因斯坦像个小学生似的边点头，边思考。

　　园艺工人突然意识到了什么。"爱因斯坦先生，我对音乐并非全懂呀！您对拉小提琴如此喜欢，去请一位专家来指导不是更好吗？"园艺工不好意思再当科学家的老师了。

"不，"爱因斯坦连连摇头，"我找过他们，可他们总是夸奖我……"两人就这样成为朋友了。有一次，美国总统打电话来，要拜会爱因斯坦先生。"我另有约会，请改日再来吧。"爱因斯坦说的这个约会，其实就是那位园艺工人来修剪草坪的工作时间。

对爱因斯坦这样的伟人，我们常常觉得无缘走近。上面这段佳话证明我们错了。

不平凡的伟大人物也珍视友谊，他们的朋友却不一定伟大。换句话说，友谊可以跨越任何距离，凡人和大人物之间也有缘分。

两人朝夕相处，未必是真朋友；在社交场合同进同出，把酒换盏，也未必就有真正的友谊。友谊是心灵的契约和共鸣，真朋友之间彼此就要敞开坦诚的心灵，去聆听心语的呢喃。爱因斯坦的琴声打动了园艺工的心扉，他的坦言又使爱因斯坦接纳了一份真诚。于是，两颗心才连在了一起。

大人物身边不乏崇拜者。崇拜者就是崇拜者，在偶像面前崇拜者总是跪着，尽管他的双手捧着自己的一颗心。大人物在打量这颗心的时候，同时把自己的心重重包裹起来。这就是许多大人物找不到知音，徜徉寂寞，小人物自卑自馁，收获不了友谊的症结所在。

人生没有朋友，就像是天上没有太阳。纯真的友谊不仅能使人获得上进的勇气，还能让人感到生活的欢乐。然而友情不同于亲情、爱情。亲情是天然的，有永恒的血缘纽带维系；爱情虽然是后来的，但可以用家庭来巩固；友情则是无根而生，朋友之间没有共同的利益，只有相同的善意。所以友谊不会凭空而出，获得友谊需要秘诀，那就是坦诚的交流和捧出一颗真诚的心。

朋友交往真话最动人

真话与假话是相对立的，它会导致交友的两个不同结果，可以说获得朋友的信任，铸就自己的信誉，必须靠讲真话来赢得。而假话纵然能蒙蔽一时，但最终必将真相大白，那时说假话者只能处于一种窘迫的境地，友谊的大厦也必然颓然倾倒。

与朋友交往，就得说点真话，说点实话，说点人话，绝对不能说假话，更不能说骗人的话。咱们交朋友就得实实在在，要像流行歌曲说的那样："千里难寻是朋友，朋友多了路好走，以诚相见，心诚则灵，让我们永远是朋友。"

1. 说"真"话动人

说"真"话即用真挚诚恳的语言去打动对方的一种语言表达方式。这里的"真"不仅仅只是包括"真实"的意思，更重要的还在于要有"真情"。

真实、笃诚和真情是说"真"话时尤须注意的要素，以真实为铺垫、为基础，以真情动人、以真情感人，才能达到说服对方的目的。

红军长征后，陈毅带领部分红军战士留在苏区坚持斗争。由于形势险恶，党的一些经费由几个负责人缠在腰里小心保管着。有些战士不了解情况，便在背后议论，怀疑经费已落入个人腰包。陈毅听后，立即把队伍召集在一起，然后从腰上解下布袋，"当啷啷"，把金银钱币全部倒在桌上，诚恳地说："同志们，这是党的钱，只有这么多，是准备特殊情况下应急用的。党要我保管，我从来一个子都没敢乱用。我有责任通知大家，万一我被敌人一枪打死了，尸首可以不要，钱无论如何要拿回来。"

陈毅的真诚，打动了在场的所有同志，在革命最低潮时期，大家却更加团结一致了。

人是有情感的高级动物，情感是人的心理过程的重要组成部分，它是人对他人和外物是否符合自己的需要所产生的内心体验。这种内心体验具有情境性和直接性，情感的产生需要外界的刺激。在人际交往之中，饱含真情实感的言语是唤起情感的一种最具神力的武器。饱含真情的语言可以顺利促使双方产生情感共鸣，关系融洽，形成良好的交际氛围；可以较快地促使双方强化相应的感性认识，形成并巩固某种态度倾向和观念信仰；可以有力地推动人们将某种行为动机付诸实施，并为成功积极奋斗。

2. 讲假话无益

有些人不管什么情况都以说谎来解决，这种人可说是心态上已经有了病症。但是，无论如何，一旦开始了骗人的想法，就会一发不可收拾地继续下去，因为"谎言就像是滚雪球一样，愈滚愈大"。

一般人会以谎话连篇企图取得别人的信任，而且大多数人也都以为说谎没什么大不了的。虽然几乎没有人是真正的绝对诚实，但朋友之间切记不可欺骗对方。

说谎其实是最没效率而且最费事的行为。然而，要做到完全不说谎却又非常困难，这就是不容易的地方。

我们常听人家说"出家人不打诳语"，由此可以知道说谎是清修得道的障碍。

虽然每个人或多或少都说过谎话，而且要做到绝不说谎，也的确不是件容易的事。然而，不管怎么说，朋友交往的时候还是要努力由内心做到不说谎，因为朋友相交最重要的前提还是要抓住对方的心。因此，朋友之间绝对不容许有背信的行为。当你对朋友说谎的时候，第三者正在冷眼旁观，或许就因此产生了失望。因此，你虽然只是欺骗了朋友一个人，但感到你不诚实的人却可能包括其他人。你只要有欺骗的行为，人格就会遭到质疑，而且会迅速地散布到你周围的其他朋友那里。朋友是你费了好大的力气才得到的资产，却因为说谎而轻易地毁弃掉自己难能可贵的资产，这岂不是太愚不可及了。

有些人非常喜欢说大话，也常对别人大吹大擂地宣称某位社会名流是他的好朋友。当别人前来拜托他帮忙拉关系的时候，他又要制造出其他的谎言来自圆其说，结果却是一点儿忙也帮不上。这种人纵然是费尽心思要拓展自己的人际关系，但所能收到的成效却十分微弱。

有时，你说假话即使并没有直接伤害到朋友，却已经破坏了自己的信用。即使有时不得不以无伤大雅的谎话来达到某一种目的，但对朋友的交往只能产生负面影响。

朋友间的真诚，就是交友要诚心诚意，对待朋友要诚实、要信任、要友善、要有爱心。生活中的一件小小的事或一个小小的谎言，都有可能让昔日的好朋友变成匆匆而过的陌生人。因此，我们不能因一些利益而做一些伤害朋友、欺骗朋友的事，而是要信任朋友、帮助朋友。有时，一句体贴入微的话，朋友会从内心感激你；一句温馨的祝福，会让人高兴得几天睡不着；一个发自内心的微笑，一个信任的眼神，对方会从内心喜欢你。朋友开心，你会感到无比的高兴，朋友若伤心流泪，你的心也会难受。当朋友有难时，何不伸出手来扶一把，不要老是把报酬放在第一位。这样，你的真诚就会慢慢地融入到别人的心底。

与朋友交往，一定要谨记：假话害己伤朋友，唯有真话最动人。

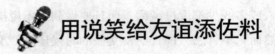

用说笑给友谊添佐料

生活中，朋友不比家人，天天见面，天天交流，但朋友之间的感情却也似那生活的调味品，缺少朋友，生活也会缺少味道。朋友可以不常见面，不常联系，但每次交流、每次相见，都会相谈甚欢，友谊也就是在这样的交流中流淌着。

北宋时期苏轼和黄庭坚是以诗文闻名于世的一对好朋友。有一次，他们一起讨论书法，苏轼说："您近来的字虽愈来愈劲道，不过有的地方却显得太硬瘦了，几乎像树梢绕蛇啊！"说罢大笑。黄庭坚说："师兄批评一语中的，令人心折。不过，师兄的字……"苏轼忙说："你干吗吞吞吐吐，怕我受不了吗？"

黄庭坚于是大胆言道："师兄的字，铁画银钩，遒劲有力，然而，有时写得就像是石头压的蛤蟆。"话音一落，两人都笑得前仰后合。

古代艺术大师们在谈笑间互相磨砺，达到了互相帮助、互相促进，并增进友谊的目的。

一天，郭沫若和茅盾这两位文学大师相聚了。他俩谈得非常愉快，话题很快转到鲁迅先生身上。郭沫若诙谐地说："鲁迅愿做一头为人民服务的'牛'，我呢？愿做这头'牛'的'尾巴'，为人民服务的'尾巴'。"听郭老说愿做"牛尾巴"，茅盾笑了笑说："那我就做'牛尾巴'的'毛'吧！它可帮助'牛'把吸血的'大头苍蝇'和'蚊子'扫掉。"郭老看看茅盾，说："你太谦虚了。"这两位文学巨匠围绕着鲁迅先生"牛"的比喻，充分地展开联想，一个自喻为"牛尾巴"，一个自喻为"牛尾巴"的"毛"，谦虚地说明自己只是别人的一部分。这种方法既形象生动，又把两位艺术大师博大的胸怀表现得淋漓尽致。

俗话说"不打不相识"，这里就是说的朋友，两个陌生的人往往是由矛盾产生，并在解决矛盾中升华友谊的。也就是说朋友之间有矛盾也是在所难免的，那么产生了点小矛盾，开个玩笑，说句逗趣的话，比正儿八经说道理效果会更佳。

老王和老张是一对好朋友，由于误会而产生了隔阂，有一段时间没有来往了。有一天，老王跑到老张家，进门便说："老张啊，我今天是来唱'将相和'的。"老张感到很不好意思，忙接过话头说："要唱'将相和'，也该我'负荆请罪'啊！"两人在笑声中握手言欢。

试想，老王与老张若不用这种说笑式交谈，要驱除两人心中的云雾，该说多少话呀！而且效果未必有这么好。

说说笑笑，打打闹闹，谈笑风生，是朋友间交往的一大特色。友谊往往就是在这亲密无间的说笑声中得到升华的。

萧伯纳和丘吉尔两人，虽然一个在文坛，另一个在政界，但却是相知的好朋友。两个人的关系，由他们之间信函往来的内容就看得出来。萧伯纳有一场新剧要在伦敦首演。他特别送了两张入场券给丘吉尔，还附上一张写着寥寥数语的便信：

"附上拙作演出入场券两张，一张给你，一张给你的朋友——如果你还有朋友的话。"

在政界一向饱受竞争者攻击的丘吉尔看了哈哈大笑，随即回了一封也只写了几句话的便条：

"很抱歉，我今晚没空，但是我会和朋友明晚去观赏——如果你那场戏明晚还能继续上演的话。"

新剧上演前，萧伯纳一位在银行工作的要好的朋友也写了一封信给他：

"听说你的新剧就要上演了，送给我前排的入场券十张，以便分送朋友观赏如何？"

这位朋友也收到了萧伯纳的回信：

"听说贵银行的新钞票已经出笼了，送给我大额票面的钞票十张，以便分送亲朋好友花花如何？"

在现实生活中，很多人认为自己笨嘴拙舌，觉得如果不能与朋友相谈甚欢，就很难增进彼此的友谊了，其实不是这样的，只要作一些必要的调整，完全可以做到。具体说来，有如下调整的方法：

1. 放下身份

不管是什么身份，如果想要受人欢迎，就得要放下身段，主动去亲近别人。想想看，谁会去接近一个成天紧绷着脸，眼睛长在头顶上的人。

2. 把话说得亲切点儿

与朋友交流，说话不能太生硬，要让人感觉有亲切感，那么别人才会愿意与你交流，愿意与你增进感情，否则只会拉开彼此间的距离。如："嘿！穿得这么美干什么？要迷死人啊！"这句恭维话就比"嘿！你今天穿的衣服非常漂亮"要来得亲切。

3. 偶尔也要揣着明白装糊涂

没有人喜欢成天看一本正经的苦瓜脸，偶尔装点儿疯，卖点儿傻，就算嘴里讲着歪理，也不会有人怪你，反而会跟着轻松起来插科打诨一番。

不仅是在朋友之间，如果夫妻、亲子之间也以这种方式相处，就会有一种甜蜜温馨，让人一下了班就想要赶回家的感觉！

4. 说起话来不能像老师给学生上课一样太教条

就算再有道理，也别把话说得硬邦邦的，让人听了不舒服。在朋友之间说理，只要点到为止，别成天婆婆妈妈的，让人见了退避三舍。

5. 拿出你的热情，献出你的诚恳

朋友之间遇到麻烦需要有人处理时，尽管举起手来大声说："让我来！"时常打个电话问候一下，别在有求于人时才登门拜访，结结巴巴地说"无事不登三宝殿"，那样只会给人"用得着的时候靠前，用不着的时候靠后"的感觉。

只要你按以上方法进行调整，你就可以与朋友谈笑自如，尽尝友谊之果。

用真诚的心对待朋友

友谊是美好而宝贵的东西。古今中外，有多少伟人动情地写下了一首首赞颂友谊的诗章。孔子曰："有朋自远方来，不亦乐乎！"唐代诗人王勃写下了"海内存知己，天涯若比邻"的诗句。李白形容友谊比金重比渊深："人生贵相知，何必金与钱。""桃花潭水深千尺，不及汪伦送我情。"现代著名大作家巴金先生写道："友情在我过去的生活里就像一盏明灯，照亮了我的灵魂。"现代伟大的科学家爱因斯坦写道："世间最美好的东西，莫过于有几个头脑和心地都很正直的朋友。"马克思是这样评估友谊的："真诚的、十分合理的友谊是人生的无价之宝。"以上诗章深刻论述，说明人们需要结交朋友，人们不能缺少友谊；朋友的情谊是亲密的、幸福的；友谊是宝贵的，它是人生的无价之宝。那么我们该如何珍惜朋友间的友谊，如何对待自己亲爱的朋友呢？

"化妆品女皇"玫琳·凯年轻时曾经有过这样的经历：用真诚和赞美，为一位想轻生的女孩子带去了光明。

一天，她在海边看到了一位坐着的女孩子，脸上写满了忧郁和哀愁，还挂着泪痕。玫琳·凯微笑着走上前去，问她："您好，我叫玫琳，能跟你说几句话吗？"

女孩子并不愿意理她，依然在那里感受着落寞。玫琳·凯继续温柔地说："虽然你心情非常糟糕，让你显得有些忧愁，但你依然很美。你有什么伤心痛苦的事情，可以跟我说说吗？"

她想了一会儿，就真的跟玫琳·凯倾诉了起来。当她说得动情时，还流下了眼泪。而玫琳·凯给她的一直是真诚的眼神、用心的倾听和适当的点头。玫琳·凯的聚精会神，让女孩子感觉到了一种关注和理解。最后，女孩子还说，自己今天来海边，就是想结束自己的生命的。因为自己爱上的那个人，事业有成后就把自己抛弃了。

玫琳·凯听了后，不但为她感到唏嘘、忧伤，还气愤地大骂那个男人有眼无珠。最后，她真诚地鼓励女孩："你放心吧，天底下好男人多的是，你一定会找到一位责任心强且很有爱心的男人的。你看你长得多漂亮，连我这样的女人都喜欢，更何况是男人呢。所以，你一定要振作起来。"

最后，女孩用极其感激的语气对玫琳·凯说："从来没有人和我说过这么多话，我感觉自己到今天才算是真正地发现了自己。我现在才相信，活下去会是很美好的。"

是的，能够主宰自己生命的玫琳·凯知道，每个人都希望获得别人的真诚关怀、理解和尊重。大多数时候，一句真诚的赞美，可能只花说话者一分钟的时间，但对于听者，可能会影响其一天、一年甚至一生。

俗话说"人心换人心"，你若想别人关心尊重你，你就必须对别人也付出一份真心，这也是获得朋友的秘笈。所以，你要是希望朋友关心你、体谅你，就必须先用一颗真诚的心对待朋友。

也许你自觉对朋友很好，你请他们吃饭、喝酒，陪他们玩乐，请他们到家中时也奉为上宾。但是，这些并不能使朋友对你有深入的好感，也无法满足友情的需求，有时反而会加重朋友在应酬上的负担。

一个善于交朋友，关心、体贴别人的人，一定是个能为对方着想、欣赏对方、处处满足朋友需要、解决他们的困难，而又能避免去麻烦对方的人。所以，要成为受欢迎的人物，不仅要能够"锦上添花"，更要懂得"雪中送炭""人心换人心"的艺术。

有一句话常用来形容人事沧桑，我们拿它来解释朋友之间的相处之道，也颇合宜——"眼看他起高楼，眼看他楼塌了"，而不管他楼起、楼塌，是真朋友就长伴左右，绝不因对方的穷富而改变人情的冷暖。换言之，别人起高楼，你要有为他祝福、欣赏他能力的胸襟；当他时运不济时，你可别幸灾乐祸，而要以实际的行动安慰鼓励对方。

如果说，你能将关心、体贴的心意建立在这种风度上，你对别人的关心和体贴才是真心诚意的，别人也才会以真心来回报你。古训也有"路遥知马力，日久见人心"，只有真情才能历久弥新，使友谊的芬芳愈陈愈香。如果你始终以同样的一颗赤子之心与人相处，还怕会没有朋友吗？

让亲情话语在朋友间流动

星期天或节假日，三五个好友会聚一堂，把酒言欢，该是多么好的一番景致，但有的人在其间喜欢高谈阔论，不给他人插话的机会，或者是没有给他人留下足够的时间表达自己的意见。聚会是多个人聚在一起的活动，不是看一两个人的表演，如果有人只以自己为中心，好像他人都不存在似的，长久下去，必定会令人生厌。这时表面上看起来，聚会场面很热烈，而实际上，因为缺少其他人的参与，呈现出外热内冷的局面。

这里面有性格方面的原因，有的人天生就爱在他人面前表达自己，也有不善于运用谈话技巧方面的原因，但不管出于哪种原因，都是一种不良的表现。切记，沟通是聚会最重要的目的，只有与会各方争相参与，踊跃交流，才可以使谈话场面热烈，气氛和谐。大致说来，聚会时应注意三个方面的问题：

1. 避免把自己的观点强加给他人

当今的社会，是个多元化的社会，人们的人生观、价值观千差万别。对同一事物，不同的人有着不同的看法，我们能说服自己，未必能说服他人。既然大家都有道理，又何必整齐划一呢？在聚会过程中，难免会有激烈争论的时候，但要记住：我们聚会的过程就是交流的过程，只要对方不是根本性的错误，只是角度不同而已，我们可以保留自己的意见，避免把自己的观点强加给对方。

2. 表现出对他人话题的兴趣

在聚会中，我们如果对他人的话题表现出极高的兴趣，就会激发谈话者的谈话热情。而另一方面，如果对他人的话题兴致不高，表现出漠不关心的态度，谈话者的谈话情绪就会低落。然而在聚会中，各种各样的话题都有，并不是每一个话题自己都感兴趣。但是，即使对方的话题自己既不感兴趣，又超出了自己的知识结构，也不要流露出来。相反，自己可以要求对方以通俗的语言给自己讲讲，顺便适当地恭维几句，聚会场面一定会热烈起来。

3. 及时对参与者的反馈信息作出反应

一般来说，人总是喜欢和与自己有共识的人谈话。我们经常可以听到不愿和他人讲话的借口："没有共同语言。"应该说，大家出于某种原因，突然聚集在一起，谈起话来，共同语言会更少，这是情理之中的事。但是，我们可以在原则的范围内，尽量扩大与其他人的共识。虽然有时只是附和而已，也可以收到类似善意谎言的良好效果。

为此，一定要体察他人在聚会参与中的微妙变化，主动、及时地对参与者的反馈信息作出反应，调整自己的姿态，用一种虚怀若谷的气势，容纳他人的看法，这样也可以增强自己的亲和力。

总而言之，在聚会时，只有让话语在朋友之间彼此流动，才能使聚会在愉悦中走向成功。

与朋友谈笑自如有方法

"友谊真是一样最神圣的东西，不光是值得特别推崇，而且值得永远赞扬。它是慷慨和荣誉的最贤惠的母亲，是感激和仁慈的姐妹，是憎恨和贪婪的死敌；它时时刻刻都准备舍己为人，而且完全出于自愿，不用他人恳求。"卜伽丘如此诠释了朋友之间的友谊。可见，有朋友的感觉该是多么幸福美妙呀。而大仲马说："友谊也像花朵，好好地培养，可以开得心花怒放，可是一旦伤害或者不幸从根本上破坏了友谊，这朵心上盛开的花，可以立刻枯萎。"

现实生活中，大部分人都有自己的朋友。但是一旦成为朋友，很多人是用着的时候想起朋友，用不着的时候早把朋友忘在了脑后。用这种方式对待朋友的结果，只能是日渐疏远，以致形同路人。其实，做朋友不应该这样，而应该时常联络、适时寒暄以增进情谊。因为人与人之间的关系会随着见面次数的增加而加深，久不见面的朋友自然会日渐疏远。珍惜老友，也是吸引新友主动与我们交往的力量。那么我们该如何珍惜这属于各自最神圣的东西——友谊呢？应该以何种方式与朋友交流而增进彼此间的友谊呢？

1. 赞美不可少

赞美和微笑是世界上最美的无声语言，不要吝啬我们的微笑和赞美。当我们见到我们的朋友时，应该自觉不自觉地夸他几句，这样能使他心花怒放，使友谊之树永远常青。

2. 见面要向对方示意、点头、打招呼

如果我们在去上班或上课途中，时间比较紧张而碰到朋友时，简单招呼一下，叫一下他的名字或微笑着向他点一下头也是很好的方式。

3. 献出关心和爱心

有时候，我们遇到朋友时，可以根据他当时的神情、着装、情绪状态揣测一下对方的行为动向，并抱着关切的态度询问一下，及时地送上我们的关心和爱心，让对方感觉到来自朋友的温暖。

4. 朋友也要注重"开场白"

也许"开场白"才是寒暄最初的用处。当我们要和别人商谈某事，或参加一个非正式会议遇上别的公司的董事、经理，或是和异性初次约会时，为了避免初次见面时的陌生感而不知如何开口，或缓解正式场合的紧张气氛，我们可以先谈些与正事无关的彼此熟知的话题，如天气、社会风气等。当我们与朋友以此方式交往时，可以永葆新鲜，谈兴更浓。

上面这些寒暄方式是最基本的。除了这些，还可以凭自己的经验，根据不同的情境想出一些寒暄的方式，借以达到融洽关系的目的。寒暄看似简单，但要真正恰到好处地运用，充分发挥其作用，却也要花点功夫。但寒暄时应注意以下几点：

（1）一定要积极、主动、爽朗地和朋友打招呼

记住，不论对任何人，你都得做到这一点，而且最好附之以和善的微笑，这样会很快得到回礼或回应。

（2）灵活运用不同的方式对待不同的朋友

对特别熟悉的朋友，也要大大方方地问好，或关切地询问对方最近的学习、工作情况，尽管可能是无意间的寒暄，但这一瞬却成了较好的思想交流的时刻，同时你们之间的情义也更深了。

（3）注意面对朋友时的表情和姿势

寒暄时最好配以笑脸，对久别重逢的好友可上前握手、拥抱，要和对方的目光接触。如果行礼时，一定要挺直上身，以优美的姿势使你的寒暄更有效果。

总之，与朋友交往应注意经常来往，不时递上关心和爱心，彼此照应，使友谊之花更灿烂。

客气话适度增友情

与朋友交往，客气是不可避免的。适度的客气可以创造好的交友气氛，收到很好的交友效果；过度的客气则是对人对己的伤害，因为它使你无节制地看低自己，不仅不会使对方身心愉悦，相反更易引起对方的反感。

说话恭敬，对人客气，是一件美德。但不分青红皂白地恭敬，过度地客气，那就不大好了。

假如你到一个朋友家里拜访，你的朋友对你异常客气，你每说一句话，他只有"是是"而答，唯恐你不高兴。如此一来，你一定觉得如芒刺背，坐立不安，最终逃之夭夭。

虽然是客气，但是过度的客气显然是令人痛苦的。"己所不欲，勿施于人"，这句至理名言当谨记。

开始会面时的几句客气话倒不成问题，如果继续说个不停就不太妥当了。谈话的目的在于沟通双方的情感，在于增加双方的兴趣，而客气话则恰恰是横挡在双方中间的墙，如果不把这堵墙拆掉，人们只能隔着墙作极简单的敷衍酬答。

朋友初次见面略谈客套话后，第二、第三次的见面就应竭力少用那些"阁下""府上"等名词，如果一直用下去，不在一段时间以后废去，则真挚的友谊是无法建立的。客气话的"生产过剩"，必致损害快乐的气氛。

客气话是表示你的恭敬或感激，不是用来敷衍朋友的，所以要适可而止。多用就流于迂腐，流于浮夸，流于虚伪。有人替你做了一点小小的事情，譬如说：递过一杯茶吧，你说"谢谢"也就够了。要是在特殊的情形下，那么最多说"对不起，这事情要麻烦你"也就很够了。但是有些人却要说"呵，谢谢你，真对不起，我不该用这些小事情麻烦你，真使我觉得难过，实在太感激了……"一大串，你在旁边看见也会觉得不舒服的，可是你自己不也有这样的毛病吗？

说客气话时要充满真诚，像背熟了的成语似的流水般泻出来的客气语，最易使人生厌。说话时的态度更要温文尔雅，不可现出急促紧张的状态。还有，说时要保持身体均衡，过度的打躬作揖，摇头摆身作态来帮助你说客气话的表情，并不是一个"雅观"的动作。

朋友之间客气话不能"过剩"，只要把平常对朋友太客气的说话改得略微坦率一点，你就一定可以享受到友谊之乐。

与朋友消除误会要及时

与朋友相处，时常出现别扭的情况。导致这种情况产生的原因很多，其中之一就是误会。

误会是指别人对你的看法或认识与你的实际情况不符，是无意之中产生的认识上的错误。

误会形成的原因有两个方面：一是自身的言行不够谨慎，言谈行事有欠周到、细致，使他人不能准确地领会你的意图；二是对方主观臆测。由于每个人不同的经历、学识、价值观、气质、心境等因素的影响，对同一件事、同一句话，不同的人会有不同的理解。误会给我们带来痛苦、烦恼、难堪，甚至会产生意想不到的隔阂。所以，你一旦发现自己陷入误会的圈子后，必须及时采取有效的方式予以解除，使自己与朋友能尽快地轻松、舒畅起来。

1. 查清原因

产生误会后，一方怒气冲冲，充满怨恨和敌视；一方满腹狐疑，委屈压抑，双方的隔阂就会越来越深。如果这时谈崩，就会有新的误会接踵而来。

产生误会后你一定要冷静，你必须下一番功夫内查外调，搞清楚对方的误解源于何处。否则，无论你浪费多少唇舌，也不会解释清楚的，搞不好还会越描越黑，弄巧成拙。

2. 当面说清楚

虽然误会的类型各种各样，但解决的最简捷、最方便的方法便是当面说清楚。大多数的人也都会喜欢这种方法。

因此，如果有误会需要亲自向朋友说明，你千万不要找各种借口推托。你一定要战胜自己的懦弱，克服困难，想方设法地当面表明心迹。

3. 不要放过好时机

解释缘由，消除误会，必须选择好时机，一定要考虑对方的心境、情绪等情感因素。你最好选择升职、涨工资或婚宴等喜庆日子，因为这时对方心情愉快，神经放松，胸怀也就较为宽广。你如果能抓住这些时机进行表白，往往能得到对方的谅解，双方重归于好。

需要注意的是，不要认为难以启齿或碍于情面而使解释的时间越拖越长。这样会使误会越陷越深，到最后无限制的拖延造成令人更加苦恼的后果。所以，有了误会，要迅速地解释清楚。拖的时间越长你就越被动。

无论如何，产生误会的情况是正常的，误会的体验是痛苦、深刻的，你一定要争取主动，适时开言，消除误会。

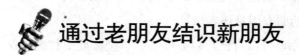 通过老朋友结识新朋友

朋友是每个人都需要的，但是由于种种原因，很多人的朋友圈子都有一定的局限性。比方说，你身为教师，身边只有一帮当教师的朋友；你是一名工人，在身边活跃的只是一群工人。其实人生不应该这样。人生应该是绚烂多彩的，你可以拥有各种各样的朋友，关键是你要找对方法。通过朋友介绍朋友就是很不错的方法。当然并不是一经介绍你们就会成为朋友，你还要付出自己的努力。

与朋友介绍的朋友交往时，不可能一下子就进入状态，而是在交往过

程中渐渐地走近。俗话说"一回生，二回熟"，只要你善于把握，就不难与对方建立起情感。

不论是天生害羞或是对陌生人没有安全感，大部分的人都不善于与初次见面的人交往。在这种情况之下，不妨先从朋友的朋友开始交往，因为这时有已经熟悉的朋友在场，比较容易从轻松的话题开始，说些笑话或调侃自己的话都是很有效的方法。事实上，这种方法也的确很有效。

经朋友介绍后，与新朋友第一次见面的印象，对日后的交往而言非常重要。在第一次见面时，仍然要坚持自然而又大方的原则，任何忸怩作态都是要不得的。交往是长期持续下去的，矫情的表现方式将不利于日后的交往，最好还是自然而真情流露。为了让陌生的对方能够了解自己，最好是先让朋友把自己的情况向对方作些介绍。

有了朋友的介绍和铺垫，可以及早完成"安全感—信任—了解"的交往过程。

在与新朋友交往的过程中，为了打开对方的心胸，必先打开自己的心胸，以温馨的人情味将对方迎入自己的心中。

经由朋友介绍的朋友，比较容易在轻松的气氛下交谈。当然，朋友交往就是在有需要时能够互相协助，这并不是互相利用。在需要的时候，透过彼此熟识的朋友引见更容易见效。

此外，你也可以自己与对方联系，再把彼此交往的情况告诉彼此共同的朋友。但是，可不要超越了介绍的朋友，有些人就是因为忽视了原先的介绍者而遭到批评。如果处理得不好，你可能同时失去两个朋友。朋友交往时，有些礼仪还是要遵守。

你也有受人之托代为照顾他的亲戚或朋友的经验吧。虽然是受人之托，但还是要忠人之事才行。因为这不但代表了你对托付的朋友所尽的一份心力，也是你拓展自己人际关系的大好时机。只要你躬身而行，你的朋友就会满天下。

安慰遇到不幸的朋友要真诚

人生的道路不平坦，逆境常多于顺境。不幸的事，人人难免。身处逆境，面对不幸，当事者不仅本人需要坚强起来，也迫切需要别人的安慰。人是社会的、合群的和有感情的高等动物。痛苦再加孤寂，痛苦倍增；痛苦有人分担，痛苦减半。"患难见真情"，安慰如"雪中送炭"，能给不幸者以温暖、光明和力量。给予不幸者以安慰，是为人处世的一种美德；当朋友遭到不幸时，及时送上真诚的安慰，更是你应尽的责任。

在探望身患重病的朋友时，你不必过多谈论病情。有关的医疗知识，医生已有所交代和说明，无须你再多言。如果对方本来就背着重病的精神包袱，你再谈及过多，势必包袱加重。你应该多谈谈病人关心、感兴趣的事，以转移对方的注意力，减轻精神负担。如能尽量多谈点与对方有关的喜事、好消息，使他精神愉快，更有利于早日康复。医生送去治疗身体的良药，挚友送去温暖人心的情感都是根治重病必不可少的。

对于因生理缺陷或因出身、门第被人歧视的朋友，由于不幸的原因有些是先天的，并非全是人为的，你劝慰他时应多讲些有类似情况的名人的成功事迹，鼓励他不要向命运屈服，争取人生的幸福，实现人生的价值。

在安慰丧失亲人的朋友时，你不要急于劝阻对方的恸哭。强烈的悲痛如巨石压在心头，愈久愈重，不吐不快，让其宣泄、释放出来，反而如释重负，有利于较快恢复心理平衡和平静的状态。你应当注意倾听对方的回忆、哭诉，并多谈谈死者生前的优点、贡献，人们对他的敬仰、怀念。死者的生命价值越高，其亲属就越感宽慰。

对于胸怀大志而又在事业上屡遭挫折、失败的朋友，最需要的是你对其强烈的事业心的充分理解、支持。对于他们，理解应多于抚慰，鼓励应多于同情，怜悯是变相的侮辱，敬慕是志同道合的表现。你不必劝慰对方忘掉忧愁、痛苦，更休想说服对方随波逐流，放弃他的理想、追求。最好的安慰，是帮助对方总结经验教训，分析面临的诸多有利和不利的条件，克服灰心丧气的情绪，树立必胜的信念，并共同探讨到达事业顶峰的光明之路。这就要求你对他所从事的事业有一定的了解，称得上是名副其实的知音。

中华民族是勤劳、勇敢又善良、重情义的民族。在我们民族的语言中就有如比下有余""谋事在人，成事在天""塞翁失马，焉知非福""大难不死，必有后福""失败是成功之母"等一大批专用于安慰、鼓励不幸者的谚语、格言和典故，在民间流传千百年，至今仍然经常被用来安慰不幸者。只要你多加积累，满怀真诚，当朋友身遭不幸时适当表达，将关切送给你的朋友，你的朋友一定感触良多，你们的友情将更加坚固。

给朋友道歉时要真诚

不愉快的情绪是每个人都可能有的，而其表现也是多种多样的，生气就是其中之一。在与朋友交往的过程中，你不难发现你的朋友在生气。这可能是他对别人有什么不满，但更有可能是因为你做错了什么事。当你发现是因为你做错了事才使朋友生气时，你应该怎么办呢？

你不妨用用这句话："我真诚地向您道歉。"

凯斯思的高尔夫球伙伴莫斯里是一位来自阿根廷的具有杰出魅力的移民，他在房屋开发行业中卓有成就。一次业余高尔夫球比赛中，在双打时另一个选手、他们的朋友大卫心情不好。莫斯里的比赛开局良好，但是，后来击球很糟糕。凯斯思和莫斯里跑到平坦球道的侧面等着大卫击球，莫斯里在击球时错误地看高而打空了，使球只沿着跑道跑了几码远。大卫的脸色变得铁青，大发雷霆地向莫斯里走来，大声地责备他。

莫斯里是如何反应的呢？他否认了吗？他嘲笑他的朋友这么生气了吗？他设法敷衍说"这只是一场游戏"呢？还是大声回击："别因为你今天心情不好就拿我出气！"

这几种回答本身就会使对方更生气。而莫斯里，一位擅长劝说的人却没有这样做，他从自己的劝说语言宝库中抽出一个魔力般的表达方法。他只是真诚地说："大卫，我的朋友，我真诚地向你道歉。"气愤从大卫身上慢慢消失，就像是水从浴缸中慢慢排出一样。

"噢，没关系，"大卫嘟哝着说，"这不是您的错。"

"我真诚地向你道歉"这句话具有如此魔力，在它真诚的攻势下，从没见过任何没有消气的人。

当然，你绝不能过多地道歉，因为当时他们感到你说的已经足够了，通过接受道歉，他们已经让你知道了这一点。

对付生气的人的另外一种较有效的方式，就是承认他说的问题，但要使用"我没有经验"这种方法去温和地表达自己的不同意见。请看以下案例。

乔治给他的朋友做帮手，有一次，他的朋友对他大叫："这个广告册子真是太糟糕了，乔治。如果将它刊印出来，我们就将成为别人的笑柄了！"

"我没有经验。"乔治静静地回答。

"我们不能告诉顾客我们的竞争对手卖的玉米片比我们多，否则他们就会到我们的竞争对手那儿去购买了。"

"我没有经验。"

"还有这个800电话号码，它使得消费者不停地打进电话抱怨一些事情，电话费花销要比玉米片的销售额还多，我们会破产的。"

这位老板渐渐消了气。

对付生气的人切忌以好斗的语气说话。和他们说话时要保持低调，几乎是压着嗓子："我没有经验。"其实，这也是一种道歉，只是不太直接，不过丝毫不能压抑住你的真诚。

总而言之，当你与朋友相处时做错了事，不妨真诚地向他道歉，这样你们会和好如初。

做好朋友的"和事佬"

朋友之间处得久了，也难免会有纠纷。如果在你的朋友之间闹出了纠纷、出现了僵局，你一定不会置之不理的，更不会坐山观虎斗，而是希望你能成功地做朋友间的"和事佬"。但要做好"和事佬"，单有一腔热情不行，更要注重具体的方式。

1. 坦诚直言，以事实为主导

朋友间出现僵局的情况有很多，单就对有感情纠葛的双方进行说和，往往采取两种方法：委婉可以曲径通幽，直接也能尽释前嫌。只要你摸准双方的性格、能利用有效时机和场合，在闹着别扭的双方面前开诚布公地把问题指出来，才可能更让人感动。

甲某与乙某二人因年终评选优秀员工的事弄僵了关系，以后两人在工作中便相互拆台，不愿真诚合作。李林是他们的领导，他让两人坐到一起，单刀直入地说："评选优秀员工本是激励先进、鞭策落后的方法，但你们因此而弄出了矛盾，影响了工作，评选优秀员工的活动就失去了意义，这不太令人痛心了吗？其实你们看重评选优秀员工的结果，说明你们是进步的，但要更好地表现自己啊！你们现在的行为不是自己给自己抹黑，自己打自己的耳光吗？"李林没有把自己装扮成"救世主""法官"的模样，而是诚心为了解决问题。所以他的"和事"方式虽然激烈却很坦诚直率，效果自然是喜人的。

2. 不偏不向，作点牺牲

做和事佬的人通常都是第三方，一般这个第三方在二人心中也会有一定的威信。但有时候这个和事佬与其他二人的关系一般也会有亲有疏，不可能完全等同。

做"和事佬"实质上是在双方之间搭桥梁，让双方跨过沟壑，重归于好。此时，一般"和事佬"的做法是劝慰双方，或者是对当事人进行善意的批评。但这里一个值得注意的问题是，双方同你的关系如果有亲疏差异，如此做弄不好会引起"疏方"的猜忌疑虑，不利于你将事情摆平，这是必须要防范的。否则，你"和事佬"做不成不说，还可能使你陷入矛盾的漩涡中，那样就适得其反了。但如果你能换种做法，先作点小牺牲，不偏不倚地打开双方的症结，让他们熄了火，再慢慢用话点拨，就容易得多了。

和莉莉上下铺睡了一年多的上铺小凡，想跟莉莉调换一下，莉莉不乐意，由此二人产生了矛盾。有时小凡为了发泄，把上铺的床摇得如"摇篮"。同样睡下铺的室友阿虹看在眼里急在心上，批评小凡吧，她同莉莉关系更铁，怕因"偏袒"之嫌引起小凡的反感。想来想去，她对小凡这样说："我每天晚上爱在铺上看一会儿书，但光线太暗，要不咱俩换一下铺吧，这样彼此都方便。"如此一来小凡不再闹了，之后阿虹在适当的时机给二人一"撮合"，她们两人又和好如初了。

3. 互相撮合，导演交往

人与人之间一旦闹出矛盾，即使有恢复关系的愿望，也缺乏采取行动的勇气。所以做"和事佬"除了做好思想工作、让双方不赌气外，还得想法让双方握手，并从此往来如初。这第一步交往最好由你加以"导演"一下，比如工作上让双方多协作，生活上制造双方交流、交往机会等，这可以起到牵线搭桥、给双方创造交往的条件和机会的作用。

于霞与金红关系弄僵后，钱惠要做两方的"和事佬"。在一个适当的机会，钱惠找到金红说："于霞要参加职称考试，可没有教材，听说你有，但她又不好向你开口，我说'让我替你借吧'，你能不能把书借给她？"金红早有与于霞和好的愿望，只是苦于不好开口，见此便顺水推舟，高兴地拿出教材。之后钱惠又对于霞说："金红听说你没有书复习迎考，挺替你着急的，想借书给你又不好意思开口，我说'我替你做二传手吧'，她高兴地把书给了我，你领她的情吗？"钱惠真有办法，她既让两人心贴近，又让双方交往的指尖触到一起。

4．不动声色，斡旋其间

其实朋友之间出现了矛盾，谁都不会愿意让闹出的矛盾延续下去的，而是希望有人能在其中做"和事佬"。但与此同时，当双方又都不愿"和事佬"大张旗鼓地来说和，以免伤了自己的"面子"，这就对"和事佬"的和事技巧有了更高的要求了。如果你要做好"和事佬"，就一定要抓住当事人的这种十分微妙的心理，注意"和事"方式不宜直接、直露，而应不动声色、巧加斡旋，这样双方才易于接受，而且会特别欢迎。

黄小明与姚刚是因工作纠葛伤了感情的，作为他们的朋友，许强觉得不值得，也不应该。于是许强决心做他们的"和事佬"，但许强并没有把事情挑明，更不以"和事佬"自居。他在一个适当的场合对黄小明说："不久前你与姚刚那事，姚刚老嘀咕着，我对他说你别为这件事烦恼了，黄小明是不会把它放在心上的。"黄小明轻轻一笑："我早就忘了。"并递给许强一支香烟。许强夹着烟来到姚刚的面前说："黄小明不知哪来了包好烟，请你抽一支哩！"结果在许强的精心调解下，黄小明与姚刚借梯下楼，尽释前嫌，和好如初了。

5．针对实质，破除芥蒂

俗话说"破镜难重圆"，虽然这句话多数用在夫妻的身上，但对于朋友间出现的不痛快依然适用。毕竟是一次痛苦的经历，毕竟是一次心灵的创伤，有些人即使言归于好了，仍免不了心存芥蒂。说不准什么时候，轻微的人际碰撞又会破了伤疤，让你这个"和事佬"前功尽弃。所以，做"和事佬"不能满足于双方表面上拥抱到一起，要好事做到底，趁热打铁地从根本上扫除双方心头的阴云，破除残留的芥蒂，只有这样双方的关系才能真正恢复正常。

A和B两家关系原来很好，但因为孩子间的矛盾而闹出了大人间的矛盾，而且矛盾愈演愈烈。后经C的调解、斡旋，双方终于不再对抗，重新交往。C高兴一阵后发现A和B间的关系大不如初，往日的融洽气氛也不见了——显然双方心中阴云仍在。好在彼此已经有了交往，这为C进一步做工作创造了条件。他开导A和B："你们双方有什么根本矛盾、利害冲突吗？没有。你们只是因为孩子淘气而闹孩子脾气，这跟孩子有什么区别呢？如此计较下去岂不太荒唐、无聊吗？真正要放在心上的，应该是你们维持多年的友谊呀！"经这么一开导，双方心头终于见了"天日"。

6. 坚持不懈，善始善终

"和事佬"不是一个潇洒、自在的差使，不能蜻蜓点水式意思一下完事，而是要沉下心来，深入进去，以持之以恒的态度踏踏实实作为一件正经事来干，尤其是面对双方都很要强，一时难以弥合的裂痕矛盾。老子曰："天下莫柔弱于水，而攻坚强者，莫之能胜。"如果你能坚持不懈，相信无论对方的对立情绪怎样浓，矛盾怎样盘根错节，最终都会在你的斡旋下化解的，因为在他们的面前有一片爱心火焰。林与王本是好朋友，因小事而反目成仇。洪是他们的朋友，想给他们调解一下，可林与王都是非常固执好强的人——他这个"和事佬"不好做。凭洪费尽心机也无济于事。林甚至握着洪的手说："你的情我心领了，但我对王死心了！"王则指着洪的鼻子骂："别狗拿耗子多管闲事！"面对委屈，洪不仅没有泄气，反而决心更大。他从多方面、多角度进一步强化和改进自己的努力，最后终于让双方认识到问题的实质并为洪的诚意感化，再次成为好朋友。林说："我的心硬是让你给活转过来！"王则握着洪的手满脸羞愧之色。试想，洪若是半途而废，能出现这种柳暗花明的局面吗？

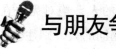 **与朋友争论时尽量保持冷静**

朋友之间交往相处，难免会有口舌之争，那么在与人争论时，要想使你的观点被认可，不在于谁的声高谁有理，关键在于你能否把自己的想法不露痕迹地输入对方的意识当中。

而通常大多数人所采取的态度是：向对方展开反驳。而你一向采取何种态度呢?

事实上，这种反驳是没有什么用处的。你之所以会对他人展开反驳，主要是想使他人持有与你相同的意见。从道理上讲，对于那些与你唱反调的人，你或许应该大规模地展开反驳，以便把他们驳倒。不过，即使你做到了这一步。其效果又能如何呢?

所以你必须认识到：你所希望的并非是要去彻底地击败对方，而是要使对方同意你的意见、主张。当你阐明你的观点时应使问题清楚明确，叙述简单，言辞要简洁，并要加上一定的感情色彩。

1. 冷静思考，客观面对

凡是有人反对你的意见，你往往会认为那一个人向你挑战了，甚至认为他瞧不起你。于是你更有力地鼓吹自己的想法及主张，藐视对方的想法及意见，并嗤之以鼻。

当你与朋友议论时，必须注意到一件事，那就是，在展开争论时，切勿动感情地大声嚷起来，或采取激烈的态度。

为了说服对方，改变他的意见及行为，必须冷静地把事实指给他看，与他从容地交谈。针对这个问题，美国某大学的两位教授进行了一项实验。

这两位教授耗费了七年的时间，调查了发生过种种争论的实态，例如：夫妇间的吵架，店员之间的争执，售货员与顾客间的斗嘴，朋友间的摩擦等，甚至还调查了联合国的讨论会。

结果他俩证明了凡是去攻击对方本身的人，绝对无法在争论方面获胜。相反，能够在尊重对方的人格方面动脑筋的人，则往往能够改变对方的想法，甚至能够按自己的想法操纵对方。

从这件事我们不难获知：人们都有保护自己，避免被他人攻击的强烈冲动。当你对他人说"哪有那种荒谬透顶之事"或者"你的思想有问题"之时，那个人为了保全自己的面子，以及守住自己的立场，定会紧紧地闭起他的心扉。因而，与人展开讨论之时，总是以采取冷静的态度为妙。

2. 不要直接指出对方的错误

本杰明·富兰克林在自传中写道："我立下一条规矩，绝不正面反对别人的意见，也不让自己武断。我甚至不准自己在文字表达上或语言上有过分肯定的词句。我决不用'当然'、'无疑'这类词，而是用'我想'、'我假设'或'我想象'。当有人向我陈述一件我所不以为然的事情时，我绝不立刻驳斥他，或立即指出他的错误；我会在回答的时候，表示在某些条件下，他的意见没有错，但目前来看好像稍有不同。我很快就看见了收获。凡是我参与的谈话，气氛变得融洽多了。我以谦虚的态度表达自己的意见，不但容易被人接受，冲突也减少了。我最初这么做时，确实感到困难，但久而久之，就养成了习惯。也许，50年来，没有人再听到我讲过太武断的话。这种习惯，使我提交的新法案能够得到同胞的重视。尽管我不善于辞令，更谈不上雄辩，遣词用字也很迟钝，有时还会说错话，但一般来说，我的意见还是得到了广泛的支持。"

3. 若要反驳，则要机智

春秋战国时期，有一次，齐王派大夫晏子出使楚国。楚王依恃自己国势强大，想乘机侮辱晏子，显示一下楚国的威风。

楚王得知晏子身材矮小，当晏子来时，叫人在城门旁边开了一个五尺高的洞，要求晏子从这个洞钻进去。晏子看了看，对接待的人说："这是个狗洞，不是城门。只有访问'狗国'，才从狗洞进去。我在这儿等一会儿，你们先去问个明白，楚国到底是个什么样的国家。"守城的人立刻把晏子的话传给了楚王。楚王只好吩咐大开城门，把晏子迎接进来。

晏子见了楚王。楚王瞅了他一眼，冷笑一声说："难道齐国没有人了吗？"晏子严肃地回答："这是什么话？我国首都临淄住满了人，如果人们都把袖子举起来，就能够连成一片云；如果人们都甩一把汗，就能够下阵雨；街上行人肩膀擦着肩膀，脚尖碰着脚跟。大王怎么说齐国没有人了呢？"楚王说："既然有这么多人，为什么打发你来呢？"晏子装着很为难的样子说："您这一问，我实在不好回答。撒个谎吧，怕犯了欺君之罪；3说实话吧，又怕大王生气。"楚王说："实话实说，我不生气。"晏子拱了拱手说："敝国有个规矩：访问上等的国家，就派上等的人去；访问下等的国家就派下等人去。我最不中用，就被派到这儿来了。"说着他故意笑了笑，楚王也只好跟着笑。

晏子使楚期间，有一天，楚王正设酒席招待晏子。一会儿，有两个武士押着一个囚犯从堂下走过去。楚王见了，问他们："那个囚犯犯了什么罪？他是哪里人？"武士回答说："犯了盗窃罪，是齐国人。"楚王笑嘻嘻地对着晏子说："齐国人怎么这样没出息，干这种事情？"楚国的大臣们听了，都得意地笑了，因为这可以使晏子难堪、丢脸。哪知晏子面不改色，对楚王说："大王怎么不知道啊？淮南的柑橘又大又甜，可是这种橘树一种到淮北，就只能结又小又苦的枳，这不是因为水土的不同吗？同样道理，齐国人在齐国能安居乐业，好好劳动，一到楚国，就做起盗贼来了，也许是两国的水土不同吧。"楚王听了，只好赔不是说："我原来是想取笑大夫，没想到反倒让大夫取笑了。"从此，楚王十分尊重晏子。

4. 以退为进，保护自己

一次记者招待会上，一位西方记者突然对周恩来总理提出一个问题："中国有没有妓女？"这是个严肃的问题，关系到我们国家的声誉，甚至还可以联系到社会主义制度与资本主义制度的问题，回答当然应该是"没有，绝对没有"。周总理却先巧妙地设计了一个圈套，微笑着对那位记者说："有。"全场立刻骚动起来，许多记者都把脖子仰起，期待下面更具体的答案。西方记者顺势追问："在哪里？"周总理话头一转，说："在中国的台湾省。"回答得多么巧妙，一箭双雕！不仅还击了西方记者的刁难，更点明了台湾是中国领土的一部分。

Part4 好口才给你的婚恋带来红利

　　"谈情说爱"是感情生活里一个不可或缺的重要组成部分，而与恋人相处时的谈情说爱，也是一门美妙的艺术，需要悉心体会，认真揣摩，善加利用。只有谈得惬意，说得圆满，才能让两颗心在甜言蜜语中撞出爱的火花，所以说，拥有好口才，可以让你的爱情更加美满。

初次约会寻话题

　　怎样掌握初次约会的艺术，使情窦中人彼此相互接触，并将丰富的思想、复杂的情怀、微妙的心声，用妥帖的语言表达出来，并由此点燃爱的火花，是恋爱中的人都渴望掌握的技巧。

　　也正是由于初次见面的重要，使得不少青年男女第一次见面时往往不知如何开口，或说些什么话，即使原本健谈、幽默和风趣的人也会变得木讷、寡言甚至手足无措。这种现象在现实生活中也实在是见怪不怪了。

　　其实你大可不必那么紧张，也不要封闭住自己的感情和心灵，如果初次见面你觉得对方还不错，就大胆地向他表示自己的真心，就算你有什么具体的实际要求，也不妨诚恳地说出来；遮遮掩掩，想问不敢问，想说不敢说，会把约会变成一个别扭、难堪的聚会，那样就没什么意思了。

　　在恋爱时，男性主动同女性打招呼、问好是一种必不可少的礼貌，这时，男性应主动开口，并尽量展开话题，不要出现冷场。例如：

　　小张经人介绍与姑娘小李认识。在一个星光灿烂的夜晚，他们会面。

　　小张首先开口说："你好。我已经等了你很长时间了，真怕你突然改变主意不来了，那我就惨了。你觉得我怎么样？首先外貌上你能通过吗？我这个人最大的缺点是不会收拾装扮自己，所以迫切想找个贤内助帮我料理收拾。如果能那样子的话，你一定会发现一经打扮，我还挺不错的呢。不要笑，我这个人就好开玩笑，虽然工资不高，但生性乐观，爱好广泛，如听音乐、打篮球、游泳、看书等，又好动又好静。你呢？"

　　如此这般，小张很自然地展开话题，并诱发姑娘说话，从中探测她的兴趣爱好，可谓一举两得。

　　男性通常喜欢温柔贤惠、稳重大方、活泼开朗的女性。也许在女性开口之前，男性还会对她的容貌有所挑剔，但只要她一开口说话，表现出令他喜爱的品德，容貌就成为其次的了。

37岁的小吴第一次与男友见面时这样说："听说你在单位里很有人缘而且很能干，是不是因为太耽迷于工作了，所以耽误了恋爱结婚？噢，我说呢，怪不得人家说你老实忠厚，其实姑娘们并不都喜欢有钱的男人，主要还是挑人品。我以前见过几个，也是别人介绍的，个个都算有钱，但他们仗着有钱，要求甚高，而且自我感觉太好，仿佛天下的姑娘都任他们挑似的，我不喜欢这样的男人，你呢？"

男友第一面就喜欢上了心直口快、稳重大方的小吴。

当一个女孩子第一次答应跟你约会时，她内心忐忑不安，不敢相信你是完全发自真心地爱她，但她又期待着你说出火热的情话，表现出你急切想跟她好的真心。如果你能做到这一点，那么就可以很顺利地和她交往下去了。

"这两天我都吃不下去饭，光想着怎样约你出来，跟你单独见面谈一谈，现在你终于来到我身边，真是太好了。"

"你看天上的月亮，你就像那月亮一样明丽照人，一到晚上，看到月亮，我就想你。你也像那月亮一样温柔似水，我从来没有像喜欢你这样喜欢过别人。"

"那一天，我看到你跟一个男孩子说话，真嫉妒得要死，整整一个晚上，我都在比较我和他谁优谁劣。唉！也不知怎么搞的？你就像个仙女一样把我迷住了，真不知道要是失去你，我会是什么样子。好在你现在在我身边，真是太好了。明天你一定要来呀。"

大多数女孩子表达感情的方式比较含蓄，内心爱情如潮涌，表面上却很平静，看不出丝毫痕迹，甚至还略显冷漠来掩饰自己的真情实感。她们在第一次会见自己喜欢的人时，往往不大愿意多说话，但又不能不说，所以言语多较为谨慎，带点探询、含糊其辞等特征，或假装天真、糊涂，让对方多说，以便观察、了解他的为人。

"我是不是来晚了？我没想到你会约我。"

"我也不知道怎么回事，最近总是心神不定。"

"我第一次看到你，就觉得你挺特别的。"

"你觉得你自己有什么优点？"

"真不知道在你面前说刚才那些话合不合适！"

女孩子的爱一般表现在行动上，而在语言上不大能表现出来，所以恋爱时，还是以男孩子主动开口说话为主，如果你能掌握她的心理、爱好，有针对性地开口说话，那样效果更佳。要明白，女孩子喜欢大胆、直率和真诚的男孩子，只要你把握住夸奖、赞美的原则，让她听了感觉愉快、甜蜜，你们就一定能继续交往下去。

试问爱我有多深

恋爱中人交往到一定阶段，就会非常关心和在乎彼此在对方爱情天平上所占的分量，正如歌曲《月亮代表我的心》中所唱："你问我爱你有多深？我爱你有几分。"歌曲《十五的月亮十六圆》中也有一句唱得好："要想恋爱可得多交谈。"那么，如何通过"多交谈"来了解对方"爱你有多深"和"真情有几分"呢？以下几种方法可以助你巧试探：

1. 亮出家底法

经人介绍，在银行工作的丽结识了在法院工作的映，二人一见钟情，相处一段时间后，觉得无不合适，就确立了恋爱关系。丽出生在农村，家境不是太好，而映家在城里，家庭富裕。丽担心映在意自己的家庭，于是在一次约会时，直言不讳地对映说："我得向你声明，我家在农村，兄弟姐妹较多，家里经济负担可不轻，如果将来我们组建了家庭，我还得给他们一些贴补，你可得有个心理准备呀！"映听了平静地说："我也实话告诉你吧，我找对象的标准是人品第一，其他靠后。这段时间通过对你的间接了解和直接观察，我觉得你是一个人品很不错的女孩，这也就是我想和你处对象的原因。至于你的家庭经济状况如何，我不在意。孝敬父母，照顾兄弟姐妹本来就是我们应该做的嘛。"映的一番话彻底打消了丽的顾虑。

时至今日"门当户对"的观念仍在不少人心中根深蒂固地盘踞着。他们在找对象时，对对方家庭的经济条件、成员的素质及社会地位格外看重，即使他们对对方满意，而当其家庭与自己的家庭不"般配"时，他们往往也会另寻所爱。认识到这一点，恋爱中的青年男女不能不了解对方对"门当户对"观念的看法，不能不弄清自己和家庭在对方心目中究竟孰轻孰重，以便从中探出对方"真情有几分"。

2. 自我揭短法

大学毕业后，晓兵进了距本县数百里外的某县检察院工作。不久，领导就给他介绍了一个在该县一中教学的女朋友。第一次约会时，晓兵没有像别的青年那样在对方面前竭力展现自己的优点，而是"反其道而行之"。晓兵对对方说，"我这个人找对象存在三大不利因素：一是我家不在这里，办事不如本地人方便；二是我相貌平平，有点对不住观众；三是我在检察院工作，经常加班加点，与我谈对象恐怕要作出一些牺牲。"晓兵的一番话使姑娘看到了他的真诚与豁达，她不由得微微一笑，只说了一句："你这个人靠得住，这比什么都强。"

一般说来，恋爱的双方总竭力掩盖自己的缺点，展现自己的优点，以博取对方的欢心，把对方"追"到手。然而，这样做不利于给对方一个真实、完整的自我，容易为以后的婚姻生活埋下隐患。

像晓兵这样自我揭"短"，展露真实的自我，不仅能给对方一个真诚、豁达的印象，而且还能借此了解对方对自己不利因素的接纳程度，以便消除以后可能出现的隐患。如果对方知"短"而退说明对方不能接纳你的"短处"，对你"真情还欠几分"，那么你就可以亮出"免谈牌"，再寻所爱。需要说明的是，这里所说的"短"也并非真的是短处，而是有故意贬低之意。上例中晓兵有意贬低自己，只不过是探察对方对自己真实看法的一个小技巧而已。

3. 借机考验法

双休日正在加班的娟突然收到了男友强的传呼：我在家等你。她猛然想起前几天强说过要同她利用双休日好好玩一玩。她感到为难，一方是领导的安排，一方是男友的"召唤"，而前者是不可违的，怎么办呢？情急之下她灵机一动：这不正是考验他的好机会吗？于是她给强打电话说："强，真对不起，领导安排我双休日加班，看来不能陪你了。"电话那端传来强不耐烦的声音："就你积极！平常咱都忙于工作，没时间约会，可到了双休日你又要加班，我可受不了！""啪"的一声强把电话挂上了。娟感到委屈，她想，男友现在就不能理解自己，如果真的结婚了，又会怎么样呢？她觉得应该考虑一下是否还有与强谈下去的必要了。

恋爱是美好的，沐浴在爱的阳光下，谁不希望和心上人在一起多一些时间呢？然而，生活中并非只有恋爱一事，除此之外，双方还要工作、学习、应酬等。"理解是爱的别名"，如果对方真心爱你，就一定会设身处地为你考虑，体谅你的难处。如果对方像上例中强那样大发其火，说明他不能理解你，那么此时你也就应该明白对方"真情有几分"了。

🎤 试探恋情有妙招

恋爱中的人们往往交往到一定阶段就需要再向前突破，而此时如何突破大有讲究。利用心理战术拉近彼此的距离，这是每一个情场老手都擅长的，你不妨学习一二。

1．无意识接近

你可以寻找理由碰触对方的身体。例如荡秋千时，说："来，我帮你推。"手自然推其肩膀，或是有车从后边驶来时，对她说"车来了"，于是轻轻地搂着她的肩膀将她拉近。

也可在来到餐厅门口时，轻轻拍拍她的肩膀，说："就这间，怎么样？"她若同意，轻轻抚着她的肩膀一同走进去。如果突然起风转冷或突然下雨时，脱下大衣披在她身上，然后轻搂其肩膀。在介绍建筑物或名胜古迹时，从背后把左手搭在她的肩膀上，右手指着建筑物或古迹说：

"喏，就是那一幢。"

2．有意识忘情

利用时机捏捏她的鼻子或其他易接触的部位，会让她觉得你和她多么亲密。例如摸摸她的头，用手指拢拢她的头发，或用手指抚摸她的头发。

如果她神态娇羞不表示反对，你在下次就可考虑进一步接触。摸她的手时，顺势摸她的手指根部，她会有意外的快感。轻轻捏捏她的鼻子，会使她心花怒放。用手点她的额头，说："你这顽皮的小猪。"会把她逗笑。她刚从草地上站起来时，你说："哎呀，这里脏了。"顺手给她拍几下。

3．眉目传情

当你能够将喜欢的心情注入目光中后，再试着以目光来表达其他的感情。首先试着表现"担心"。当他迟到、稍微受伤或被上司斥责时，用一种"你还好吧"的眼光看对方。当他跟其他异性说得火热时，试着以"哼，干吗那么亲近"稍带嫉妒的眼光看他。他自然会捕捉到你所反射的信息，并会作出相应的反应。

4．制造佳境

有经验的人常常会制造有利于身体接触的环境。因为身体接触的条件是外部气氛与环境再加上彼此亲密的交谈。这时交谈需由自然的话题展开，最好能有手势神态的配合，激起对方心灵的共鸣。环境与气氛则要注意以下几点。

（1）处于暗处：这可以消除双方的羞耻心，让感情更开放。

（2）处于窄处：双方身体会自然地接触，彼此会自然产生"磁力"。

（3）四周的熙熙攘攘，使你俩自然靠近，环境促成情绪的兴奋，身体接触会情不自禁，而且觉得另有一番情趣。

（4）幽静的林荫道，浓柳岸边，容易激起心中缕缕情思，也是合适的场所。

（5）气候温度适宜，太冷或太热都没有情调，温度以25℃为最适宜。

（6）能使双方陶醉的声音：低沉而断断续续的悄悄话、雨声等。

（7）心照不宣。有时，某对男女通过身体某些部位的接触产生了爱情，虽然没有语言的道白，彼此所交流的爱意却已经心照不宣。所以，如果与对方用语言难以将爱意戳穿的话，不妨试一试用身体接触表达对对方的爱慕之情。例如：

·过马路时，他要闯红灯，说"要小心"，然后紧紧拉着他。

·上下船或走过崎岖不平的路时，自然地伸出手，对她说："来，这儿危险，抓住我的手。"

·人很拥挤时，对她说："抓住我的手，否则要走散了。"她若忸忸怩怩，你就一把抓住她的手。如果她真的心中喜欢你，则只会作势地挣扎几下，然后就顺从；如果她确实不愿意，会"声色俱厉"地挣脱你，这时，你不要勉强，这是对她的意志的尊重，并不是表示你懦弱。

·她欲站起来时，自然地对她说："来，我拉你起来。"

·跟他比比手掌大小："来，我看你的手掌大我多少。哇，竟有这么大。"

·试试你的腕力：能否抵挡得住她用手拉。

·看手相：这方法很俗气，但很有效。如果你能讲五六分钟，就可使她大感兴趣。

想说爱你不容易

"关关雎鸠，在河之洲。窈窕淑女，君子好逑。参差荇菜，左右流之。窈窕淑女，寤寐求之。求之不得，寤寐思服。悠哉悠哉，辗转反侧。"的确，悄悄地爱上了心上人之后，却又苦于不知道怎样表达，这是不少青年男女常常碰到的难题。爱在心头口难开，又羞于向人求教，更恐"落花有意，流水无情"，只能缄默、着急、苦恼。

其实，找到恰如其分的时机和方法，张开你的"金口"，爱情之花就会开放。

1. 制造悬念

当青年男女暗自的感情发展到目标确定、情意执著的时候，不妨先制造一个悬念，有意在对方的心中树立一个无形的"横刀夺爱"的"第三者"，造成一种欲爱不成、欲割难合的紧张、矛盾心态。然后，突然使对方恍然大悟，实现爱的转折，将爱情推向一个新的深度。

马克思在向燕妮表白爱情时，就是成功使用这种方法的典范。他对燕妮说："燕妮，我已经爱上一个人，决定向她表白爱情。"燕妮心里一直爱恋着马克思，此时不由得一愣，急切地问："你真爱她吗？""爱她，她是我遇见过的姑娘中最好的一个，我将永远从心底爱她！"燕妮强忍感情，平静地说："祝你幸福！"马克思风趣地说："我身边还带着她的照片哩，你想看看吗？"说着递给燕妮一只精致的小匣子，燕妮惴惴不安地打开后，看到的是一面小镜子，镜子里的"照片"正是她本人。马克思有意在燕妮大海一样的深情中掀起波浪——制造紧张局势，让深爱着他的燕妮在惊讶中误以为他另有所爱，当他察觉出燕妮因失去自己而显得痛楚、失落的神情时，又及时诱导她解开悬念，打开装"照片"的匣子，镜中人就是自己。一场虚惊恰恰表现了马克思表达爱情的独特方式。

2．曲折含蓄

如果你的心上人的文化素质与领悟能力比较强，那么你可以不显山不露水，把你的情感若隐若现地包含在彼此的谈话中，使他在咀嚼之余，倍感爱情的神秘与甜蜜。

有一位小伙子在参加散文大奖赛中获头等奖，得了一套微波炉。他把这个消息告诉心上人时，说："我终于有了自己的微波炉．是散文大赛头等奖的奖品哩！"姑娘也兴奋地说："那我祝贺你！""这样庆贺太没劲了，咱们搞个家宴，怎么样？"小伙子提议。"可以呀！""可是我不会做菜，没有主人操作，怎么办？"小伙子显得为难起来。"我可以试试呀！"姑娘毛遂自荐。"那敢情好，我如果能经常吃到你做的菜，那该多好啊！""只要你不嫌我做得蹩脚，我答应你就是了！"小伙子用奖品作话题，以做饭为主线，绕了一个大圈子，终于巧妙地将彼此的谈话导入表情达意的"正常轨道"，仿佛是在不经意之间就敲定了一桩婚姻。

3. 直抒胸臆

直抒胸臆是指有些人表达爱情十分简明直率，不虚伪造作，而是大胆而毫无保留地向对方倾吐自己的感情，宛如那潺潺的小溪，汨汨而流。一般而言，性情直率、表达思想感情喜欢开门见山的人宜采用此法。显然，对于交往比较深，有一定的感情基础，或者两人已经互相倾慕，只需"捅破那层纸"的双方来说，直抒胸臆地表达爱情很省力，也别有一番趣味。列宁向克鲁普斯卡娅求爱时就直截了当地说："请你做我的妻子吧！"而一直爱慕列宁的克鲁普斯卡娅也回答得很干脆："有什么办法呢，那就做你的妻子吧！"列宁的真爱言简意明，感情诚挚，给人以难以拒绝的力量，同时，也让克鲁普斯卡娅清清楚楚地看到一个忠诚的心灵世界，从而很容易使双方激起爱的涟漪。

4. 诙谐幽默

将神圣的爱情寓于俏皮逗趣的说笑中，让对方不知不觉地体会你的心思，你在"幽"他一"默"的情态中完成一次"试探"，既不显得羞怯，又不会出现难堪的场面。

黎夫陪筱卉到商厦买东西，他为了在筱卉面前玩潇洒而取悦于她，对售货员指东呵西，最终一件东西也没买，为此惹怒了售货员，双方唇枪舌剑。当黎夫显然处于无理的劣势之时，筱卉站出来从中周旋，为他挽回面子。黎夫很感动地对她说："人们常说'英雄救美人'，今日倒好，成了'美人救狗熊'，我真该好好感谢你才是啊！"筱卉止住笑，俏皮地追问："好啊，看你怎么谢我呀？""我送你一件最珍贵而稀有的礼物，不知你喜不喜欢？"黎夫显然已成竹在胸，献殷勤般地调侃。"说出来看看吧！""我把我自己赠送给你，接受不接受哇？"黎夫巧妙地拿自己幽默自己，已使筱卉充分感受到了他的风趣睿智。好戏就这样上演了。

5. 画龙点睛

画龙点睛是指彼此心有期许，往往又飘忽不定，犹豫不决，爱恋的一方借助某种氛围和物质的烘托，将爱情推向"白热化"。

剑鸣只差一步之遥就可能获取阿佳的芳心了，可阿佳近来对他表现出不友好的神情，剑鸣着实乱了方寸。情人节这天，本想买束花送给阿佳，可花市鲜花告罄，于是他直奔乡下花圃。当他抱着一大捧鲜艳的红玫瑰正要献给在公园门口等自己的阿佳时，被一群囊中有钱、手上无花的俊男靓女拦住，出20元买两束。剑鸣灵机一动，不无得意地大声说："按说，我有这些'鲜花'，卖你们两束也可以，可是，这是我特意从花圃采来献给我的天使的，花儿代表我的心，此花只属阿佳一人！"阿佳顿时陶醉在一片羡慕声中。剑鸣通过赠花，将对心上人的情感在大庭广众之下进行渲染，既表现了他对阿佳爱情的赤胆忠心，又使阿佳在大家面前风光了一回，自尊心得到了极大的满足。

6. 借题发挥

借题发挥是指巧妙地将情感蕴含在并不直露的言语中，借用某一事物或人物等形式，小题大做，把绵绵之情传递给对方。比如，为发展彼此的关系，可利用双方的共同爱好，经常交换、推荐好书读。在一借一还，借借还还之中，爱情的种子开始发芽。

一天，翎问菲他新买回而自己尚未看的一本书，菲深情地对翎说："我借别人的书，总是很快就读完，而你借给我的这本书，怎么也读不完，可能要读一辈子，你是愿意伴我读完呢，还是让我割舍不读呢？"结果可想而知。

总之，向心上人表达爱情，是一种最甜蜜、最伤神、最微妙的情感活动，但只要你张开"金口"，把握好性别角色、情感浓度，发扬大胆主动、锲而不舍的精神，就一定能拥有甜蜜永久的爱情。

表达爱慕有方法

女孩是矜持的，所以，温柔的微笑是感动女孩子最基本的技巧。

与男子初次见面的女孩，总喜欢装出冷若冰霜的样子，让人觉得难以接近。即使她喜欢你，也会装出毫不在乎的样子。

如果你想接近她，就要融化她的冷漠，用你的温柔去将她心中冰一般的冷漠融化，这样你才能赢得她的芳心，否则你永远摸不透她的心。

女孩对于温柔又值得信赖的男子，几乎是毫无反感的。女孩在生活中，常常会碰到一些讨厌又不如意的事。在复杂的令人应接不暇的人际关系中，女孩希望别人关心她，她会感动于一个男子的体贴和温柔。

这里，需要你能够恰当适时地表达自己的爱意。因为爱情不是一个简单的游戏，它需要你用语言去强化它，用行动去激发它，用心去表达，靠心去传递。所以，表达是你的必要途径，但是"完善感情交流"的语言是有含蓄和狂热之分的，恋人之间最好是含蓄地表达爱情。

含蓄地表达爱情，首先可使话语具有弹性，不致对方一拒绝就没有挽回局面的余地。另外，这也符合恋爱时的那种羞怯心理，易于掌握。

陈毅与张茜是一对情爱甚笃的革命情侣。在革命战争年代的戎马生涯中，陈毅对张茜产生了一种超常的感情。为了表达自己深切的爱慕之意，陈毅写了一首《赞春兰》，送给了张茜。当时张茜的名字叫"春兰"。诗中这样写道："小箭含胎初出岗，似是欲绽蕊露黄。娇艳高雅世难觅，万紫千红妒幽香。"张茜从这首诗中领悟到了陈毅的深情，从此两个人确定了恋爱关系，那首《赞春兰》也就成了他们之间的"定情"之物。

以物传情法，就是在运用语言表达爱情的同时，借用物品传达情意。

美国著名影片《魂断蓝桥》的女主人公玛拉将自己心爱的象牙雕"吉祥符"送给男主人公罗依，请看他们之间几句简单的对话：

玛拉从车窗伸出手，手中拿着"吉祥符"说："这个给你。"

罗依："这是你的'吉祥符'啊。"

玛拉："也许会给你带来运气，会的。"

罗依："我已经什么都有了，你比我更需要它。"

玛拉："你拿着吧，我现在不再依赖它了。"

罗依接过"吉祥符"道："你真的太好啦。"

玛拉对司机说："到奥林匹克剧院。"对罗依柔情地说："再见。"

罗依依恋地说："再见。"

玛拉和罗依是一见钟情的，这些对话虽然没有直言爱情，但从赠送

"吉祥符"的对话中可以看出，双方都已满含爱慕之情。

无产阶级革命导师卡尔·马克思青年时代与燕妮热恋时，曾写过一首名为《和谐》的诗"你知否／有这样一种魔力／它能使两个人心心相印／能使这对人儿匹配成亲？／他们在红玫瑰中焕发异彩／他们藏在柔软的青苔如被单裹身。"这里所说的"魔力"，就是爱的表达方式，它在于两人心与心之间的和谐，幻于无形又给人以强烈感触，因此爱情于心，形居其下。

当然，爱意的表达方式不是单一的，就像鲜花的颜色不是一种，而是万紫千红，道路的情况不是一种，而是长短曲直。关键在于真正有效地打动对方。所以说，表达爱意要针对不同的对象采取不同的方式，正所谓"八仙过海，各显神通"。

大胆说出"我爱你"

上帝造了一个亚当，又捏出一个夏娃，自此有了男欢女爱。亚当只有一个，夏娃也只有一个，他们都是为对方特意准备的。在这个世界上，你只有一个，但那个她无数，她周围还有无数个他。当这个他围着她转时，她就可能随他而去，你也就会失去她。虽然她有无数，但所有的她都是如此。有多少人由于自己的怠惰，由于自己的腼腆而失去了与"她"同在的机会，饱尝孤寂。

读过《钢铁是怎样炼成的》的人，无不为保尔·柯察金和丽达的阴差阳错而感到惋惜。悄悄地爱上了丽达，但因为丽达是他的上级，能力出众，保尔只是把爱偷偷埋在心里。由于一次误会，使得他终于离她而去。

许多年以后，两人不期而遇，通过促膝长谈，两人消除了误会。经过了风霜雪雨，保尔得到了很大的发展，他觉得现在自己在各方面都配得上丽达了，终于鼓起勇气向她表白多年的爱，可丽达的回答却出乎他的意料："晚了，我的牛虻同志！"

爱情这一异常迅猛强烈的情感特别需要有外界的反应。现实生活中，由于不敢及时表白而错过爱情的事例不少。当然也有懒汉娶仙妻的例子，那是由于懒汉在追求爱情时敢于表露自己的钟情，同时有一种执著的憨劲，因为烈女也怕缠。

当你的心里升起爱意时，不要犹豫，不要彷徨，而应当在适当的时候，向自己心中钟情的他大胆、果断、坦率地说出——"我爱你！"机不可失，时不再来！如果你没有这个勇气，浪费了上帝为你准备的这三个字，你只能孤独地走完你的人生旅程，使世界少了很多光彩。

战略一：做"忍者神龟"。写情书已经太老套，而且如果被对方公开出来当笑柄岂不是很没面子？所以，第一要"知己知彼"，你要像忍者神龟一样潜伏在她身边，通过观察、旁敲侧击搞清楚她的情况。最佳技巧是先接近她周围的人，只要到她的朋友圈子里坐一坐，或者跟她的朋友喝喝啤酒逛逛街，得来全不费工夫。

战略二：制造巧遇。现在你要化暗为明，找个机会在她面前出现。当然，如果你已打入她的朋友圈子，认识她只是迟早的事。但你套取情报时千万不要让人起疑，否则朋友的取笑反而会让她退避三舍。

战略三：找出话题。认识了以后的关键就是谈话。不能"此时无声胜有声"地大眼对小眼，而要无话找话。凭你做"忍者神龟"时收集的情报，找些共同感兴趣的话题说上一两个钟头应该不难，说到投机时作潇洒状："不如一起去喝杯咖啡？我请客！"如果正在喝咖啡，就直落饭局好了。谨记话题范畴：宜泛不宜深，宜轻不宜重，最好为下次见面留下伏笔。

战略四：经过这一回合，你对她总算有个大致的了解了。如果发现她正是你在众里寻觅了千百度的人，那你千万不要泄露自己的心事，更不能昭告天下，须知人心如此，容易得到的东西都不知珍惜。你可以旁敲侧击问她欣赏什么类型的异性，如果她说的与你八竿子打不着，你就死了这条心吧。

其实，若是两心相知，一切都会自然而成，就如风过云流，春来花开，不必费尽心机，便有圆满结局，否则，就算呕心沥血，最后也只能是长叹"隔花荫人远天涯近"。谨记《孙子兵法》：胜不骄，败不馁。决不要因为一次伤心而拒绝一生的幸福。

Part5 好口才给你的家庭生活带来红利

　　土耳其有句谚语："生活在失去和睦的家庭中，等于生活在地狱里。"家庭琐事繁多，父母、孩子等这些问题处理不好，既影响到生活的质量，又影响夫妻间的感情。若要避免这种情形出现，就要在言谈上面下功夫。拥有好口才，可以让你的家庭更加和睦美满。

孩子有错时，你该怎么说

养育子女是父母的权利和义务，不论古今中外，生儿育女，繁衍后代，是家庭最重要的职能和责任。在我国传统观念中，人生最大的成功和快乐，不是钱财、地位、学问，而是子女成才。望子成龙，望女成凤是每个父母的期望。子女会给父母带来欢笑，同样也会给父母带来困扰。

俗话说"金无足赤，人无完人"，每个人都有各自的缺点和错误，孩子更是如此。面对孩子的错误和不足，很多父母首先想到的是责怪孩子。殊不知，孩子身上的缺点大都源自于父母的过失。因此，为了孩子的身心健康发展，做父母的应该时时反省自己的言行，系统地学习一些家教知识，科学帮助孩子克服自身缺点。

孩子不听话确实很令人头疼，家长们该说些什么才能让孩子听从吩咐呢？

1. 孩子发生小意外

不要说："你怎么老是这样？真笨！"不妨说："好好想想现在该怎么办？"

"父母如何处理孩子的小意外关系到孩子对父母的亲密与疏远，信任与反感。"家庭精神治疗家、《自律》一书的作者内尔森说。有时家长免不了要骂孩子，夺过孩子的卡通画，或是不帮他们倒牛奶，可是这种严厉的行为难以令孩子变得更加小心谨慎。如果对孩子大声斥令："马上清理干净！"这种清理似乎更像是惩罚，而不是孩子对自己行为理应承担的责任。让孩子也参与对问题的解决至关重要，无须责备，只需让他知道问题需要解决。

2. 孩子弄乱房间

不要说："赶快收拾好房间，不然不客气！"不妨说："快把房间收拾好，为你的学习创造一个良好的环境。"

"家长们往往对孩子空发威胁，难以触及孩子的改过之心，结果很快使威胁演变为一场家长与孩子间意志的较量。"《说不的孩子》一书的作者杰米·温德尔说，"不要给孩子最后通牒，不妨对孩子说：如果玩具和衣服都摆放整齐，你的房间会更漂亮！"

3. 孩子早晨睡懒觉

不要说："起床！再不起来就别指望还会有人叫你。"不妨说："早上好，已经七点了，现在该是你干什么的时候了？"

我们这些为人父母的为孩子承担了太多的责任。孩子在长出门牙前一直都需要哄着才肯起床，他们自然便从经验中判断，父母还会一如既往地哄他们起床。"唠叨不会培养孩子的责任心。"内尔森说。礼拜天，教教孩子如何克服早上起床时的忙乱。比如，前一天晚上就教孩子把干净衣服准备好，把书本装进书包；给孩子买个闹钟，让他自己学着定时。

让孩子决定好自己该做些什么而不是要让孩子做些什么。告诉孩子如果错过了公交车或校巴，你不会开车送他上学。当然这一招只有孩子能步行上学或能乘坐公共交通工具的前提下方可奏效。

4. 孩子不肯独立完成作业

不要说："你怎么这么懒？自己多动动脑筋！"不妨说："这是你的作业，我相信你会有办法的。"

"许多家庭里，一提到作业，孩子就头疼，有的甚至放松功课，此时给予孩子太多帮助，反而会帮倒忙，应尽量让孩子发挥其主观能动性。"《教子有方》一书的作者史维亚·雷姆指出，"首先，让他知道你相信他的能力，明确规定一个学习制度，并给他找一个安静的地方，远离兄弟姐妹的吵闹声，远离电视。孩子写作业时，不要在他身边转个不停，这会助长他的依赖心理。孩子拿不定主意时，可适当给予指导，然后走开或坐到

85

一边。千万不要代替孩子写作业，那样只能导致他不学无术。要让写作业成为孩子每天的例行常规。"

5. 孩子不愿做家务

不要说："什么时候你才能懂得，你也该为家里做点事情呢？"不妨说："你得把碗筷摆好，我才开饭。"

让孩子们认真干点家务可能会遭到拒绝。不妨向孩子们明确规定，什么时间由谁做什么事。让孩子们参与制作一张职责表，然后张贴起来，如果有谁没完成任务，就让他吃点小苦头，作为给他的一次教训。比如，孩子不肯摆碗筷，就不让他吃晚饭。态度要坚决，即使让孩子饿着肚子上床睡觉。孩子如果又把脏衣服随地乱放，这时，不要叫嚷着让他把衣服捡起来，只给他洗放到洗衣房的衣服。如果女儿想穿那件她最爱穿的衬衫时，发现它是脏的，她自然就会懂得该怎么做了。

很多父母主张有错必纠、防微杜渐的教育方式，对孩子的一举一动都从严要求。这种教育方式好不好呢？教育心理学专家认为，如果对孩子过于苛刻、严厉，有错就批，有问题就惩罚，势必会产生消极影响。其弊端主要表现为以下几方面：

1. 有损于儿童的自尊心和自信心。幼儿自我意识和评价能力都很低。如果他们听到的总是批评告诫，自尊心就会受损，自信心就会动摇，形成胆怯、自卑、孤僻等不良心理品质。

2. 堵塞了儿童的学习途径。即使是错误的尝试也会为他们提供宝贵的经验教训。如果家长过分干涉孩子的活动，无形中就缩减了孩子学习的机会和范围，不利于孩子的求知和进步。

3. 降低教育效果。如果家长错无大小都加以指责，久而久之，会使孩子习以为常，不再对父母的话产生积极反应。

4. 影响亲子关系。父母处处批评，事事告诫，会使孩子觉得父母在小题大做，甚至产生逆反心理，影响与父母的感情。

巧言妙语添乐趣

土耳其有句谚语："生活在失去和睦的家庭中，等于生活在地狱里。"

家庭琐事繁多，父母、孩子等这些问题处理不好，既影响到生活的质量，又影响夫妻间的感情。若要避免这种情形出现，就要在言谈上面下功夫。

家和万事兴，要使家庭中有一种天伦之乐的氛围。那么怎么样才能享有天伦之乐呢？言谈可以帮助你实现。

1. 注意闲谈的技巧

茶余饭后，讲讲闲话，聊聊家常，可以谈天说地，以此增强家庭的和睦气氛。世界风云、社会热点、天气变化、家常琐事，都可成为话题。一家人说说笑笑、乐乐呵呵，生活显得和睦、融洽。说这些话没有什么特殊的、明确的目的，看起来是废话连篇，其实，它是一种情感的交流，是家庭生活的点缀。假如一家子冷言冷语，那便是一个"地狱"。

在一个三口之家。

母亲："你今天又没回来吃晚饭，是怎么回事？"

儿子："噢，单位里应酬太多！"

母亲："你也太忙了，其他人不可以分担一点吗？"

儿子："你不知道，现在是什么年代？"

母亲："还喝点鸡汤吗？"

儿子："不啦！"

母亲："明天家里有亲戚来，你晚上回来吃饭，行吗？"

儿子："明天再说吧！"

母亲一副热心肠换来儿子的冷脸，岂不是让做母亲的心寒？其实，儿子可以讲些公司内外的新闻，母亲不一定会懂，但心里肯定热乎乎的，家里才会有生气。

学会闲谈，且要和善亲切，可以没话找话，还要善于找时间，比如散步时或茶余饭后。

2. 谅解为上，不说冲话

矛盾的存在不可避免。所以你要学会谅解，承认矛盾的存在。

用亲切温存的话安慰人，使人如沐春风，抛弃烦恼，会给家庭增添无限的乐趣。

有位丈夫下班回家满脸怒气，一言不发。妻子安慰道："单位里又有什么不如意的事？忘掉它！岂能事事尽如人意，事事称己心！来，'卡拉OK'一首。"丈夫立时就消了火，拿起话筒唱起了歌。妻子有一回也生着闷气，怔怔地不做饭，丈夫说："气大伤神呢，来，我们合唱一曲黄梅戏，你唱男声，我唱女的。"妻子开始还不唱，后来看丈夫正儿八经地捏着嗓子唱"树上的鸟儿成双对"时她的气就消了。

家庭生活中，谁都可能做错事，谁都会有不顺心之时，学会温言软语说服人，抛弃武断粗暴，定会为家庭和睦创造条件，营建一个完美之家。

小孩成绩不好，不能打骂，也不必指责挖苦，而要循循教导。作为父母，要了解孩子的学习、生活状况。多和老师沟通，多和孩子交流，从时代的发展来诱导他对知识的重视。孩子成绩稍有点长进时，就表扬他，肯定他的成绩，这样他会减轻精神上的包袱，再接再厉。

当家里遇到不愉快的事时，说几句幽默话，大家都会在轻松的笑声中变得快活起来。妻子把饭烧焦了，丈夫却吃得有滋有味，还说："这饭真是色香味俱全，十几年没有吃到这有锅巴的香喷喷的饭了。"一句话解除了妻子心中的内疚，妻子笑了。有一个新媳妇烧饭时加多了水，结果饭做成了粥，公公说："烂饭适合老人吃。"婆婆说："牙齿没啦，这饭更合口。"本来新媳妇心中不安，听老人们一说，心情顿时舒畅了许多。

没有人拒绝幽默，幽默使家庭其乐融融。

3. 说服人需要技巧

家庭成员中各人有各人不同的缺点。不善说服，过分指责，易使家庭不和。

话剧《陈毅市长》中写到陈毅当了上海市市长后，他岳父从乡下赶来，要求给安排个工作。陈毅不是简单地说"不行"，而是先问老人家："是国民党好还是共产党好？"老人痛骂："国民党腐败，一人得道，鸡犬升天！"陈毅就引导老人："共产党不能像国民党那样，否则也要垮台。"老人终于想通了，愉快地回老家去了。

说服人至少要注意两点：一要"心理接触"，即了解对方，不夸大，不缩小，有的放矢；二要"心理相容"，即我说的话对方听得懂、爱听，对方说的话我也听得懂、爱听。心心相印，息息相关，思想就自然容易打通了。陈毅劝说老丈人成功的原因就在于此。

4. 学会商量

请比较两组对话：

"去，泡杯茶来！"丈夫边写字边对妻子说。

"你自己也有手，喝茶自己倒！"

"你没见我忙吗？"

"忙，忙，忙，你总是忙！难道谁闲着呢？"

丈夫用命令式的语气说话，不会商量，弄得妻子火了。长此以往，夫妻关系会越来越紧张。

丈夫："我的皮鞋太老式了，我想买双新式点的。你看呢？"

"最近店里新款的男式鞋不多，我看你还是穿一阵子吧，等新式样多一点再买吧。不过，你如果着急买，那就等星期天我陪你去看看，怎么样？"

相互尊敬，说话温柔才是最好的说话方式。丈夫说"你看呢"，妻子说"怎么样"，凡事商量着办，不偏激，不固执，更不命令。一个人的意见难免片面，多商量，就能把事想得周全些，办得妥当些，别人也容易接受，家庭和睦就多了一份保证。第一例中的丈夫如改用商量式的问句：

"我正忙着，你能给我倒杯茶吗？"妻子一定会愉快地接受的。学会商量，也是相互尊重。

夫妻之间要爱情与亲情并存，相互尊重，爱情才会相伴终生。

男人如何巧妙过滤婆媳话

自古就有"婆媳难相处"的说法，但随着时间的流逝，新鲜感会逐渐消失，琐碎的家务事中难免形成一些积怨，家庭中的婆媳矛盾逐渐产生。眼看爱妻、慈母整日愁眉苦脸，唇枪舌剑，作为"丈夫"和"儿子"的男人既感到烦恼，又束手无策。都说儿媳妇难当，婆婆难当，其实有时"丈夫"和"儿子"这个双重角色最难当。

那么，若是家庭中出现了婆媳矛盾，要想成功地扮演好"丈夫"和"儿子"这个双重角色，他的语言将会起到至关重要的作用。因为如果他善于说话，常常能够很好地协调、处理好妻子同母亲之间的关系，就能消除家庭矛盾，增强家庭凝聚力。具体的做法有许多种，这里介绍几种简单有效的方法。

1. 做好"传话筒"

由于"丈夫"和"儿子"这个特定的双重身份，妻子和母亲都会对他十分亲近。当她们之间产生矛盾的时候，都愿意将自己的想法向他吐露。作为"丈夫"和"儿子"，对这些"信息"决不可置之不理。但"理"并不是将一方的话简单地告诉另一方，那样无异于是在制造矛盾。而是要对这些想法进行"处理"，让对方可以接受，而不至于引起反感进而引发矛盾。这时，正确的处理方法是，把自己看到的、想到的，用"提示""当参谋"的方式提出来。

比如，母亲说妻子早上起来太晚了，这时你就可以对妻子说："某某，妈年龄大了，这一段又挺累，以后我们早些起来把饭做好。"妻子说，母亲为家里买什么东西她都不知道。就可以对母亲说："妈妈，某某买东西很有审美观点，再买东西可以请她帮您参谋参谋。"这样"信息"传递了，而且双方都没有想法，矛盾也就被扼杀在萌芽之中了。

2. 不偏不倚

由于"丈夫"和"儿子"的双重身份，所以他在家中的一言一行，妻子和母亲都是很敏感的。做得好，妻子和母亲都高兴；做得不好，就会使妻子和母亲"多心"，产生矛盾。但做好妻子与母亲最亲近的人，在其中的作用是不容忽视的。

首先，你对待父母要比结婚前更加尊重，特别是在妻子面前更要注意。家中的事情主动与父母商量。关心父母的生活，而且还要注意老人的精神赡养，在言语上多关心体贴他们。

其次，妻子家里来人，特别是岳父母来访，要十分热情。买些什么东西，带些什么东西，都要你首先说，主动去办。

最后，逢年过节给双方父母家买礼物一定要一碗水端平，不偏不倚，两家一样，否则自己的父母和妻子都会认为你偏心，你就会两边不是人。所以给两方礼物一样，才能不落下"话把儿"。

3. 多做"和事佬"

在一个家庭生活久了，即使与自己的亲生父母也是难免会产生矛盾的。但由于与自己的亲生父母的这种特殊的血缘关系，即使产生了矛盾不去解决，也不会有什么大问题。但婆媳之间的矛盾却不能等同待之。俗话说"舌头没有不碰牙的时候"，若是婆媳拌了嘴，在这种情况下，你作为"儿子"和"丈夫"决不能参与其中，帮一方责另一方。正确的做法应该是：婆媳之间有意见，最好在经过"儿子"和"丈夫"这个中间环节时把它化解掉。

首先，用诙谐的语言将其劝开，然后认真听她们诉说。

一般说来，家庭琐事没有必要分谁是谁非，这样做的目的是让她们把心中的积怨都倾吐出来，取得她们的信任，暗示要帮助她们解决问题。

其次，当她们消气以后，分别肯定她们的一些正确做法，然后站在她们的立场上，设身处地地帮助她们分析哪些事情做得不对。

这样，她们都会感到，你为她们争了理，但同时又为自己某些做得不合适的地方而内疚。

最后，为了消除隔阂，加深她们之间的感情，在一些事情的处理上不妨做点"手脚"。

比如：你可以买点好吃的东西给母亲送去，并且说："某某感到对不住您老，买了点东西想孝敬您，希望您能消消气。"然后提议晚上吃点饺子。在吃饭时，对妻子说："妈看你这几天不爱吃饭，特意包的饺子，多吃些吧。"这样，双方的心里都会热乎乎的。你敬我一尺，我敬你一丈，感情又和好如初，甚至比以前更好了。

4. 求助他人

家里有的事自己不便说，可以把意图渗透给岳母、妻子的姐妹或自家的姐妹，以及其他妻子和母亲很信任的人。这些人的话会更容易被妻子、母亲接受，做工作的效果会更好。

凡事经过"儿子"和"丈夫"这个双重角色的巧妙过滤，家庭会永远幸福和睦，你会是妈妈心中的好儿子，同时也会是妻子心中的好丈夫。

妯娌聊天有分寸

美满幸福的家庭，不仅要求兄弟姐妹要情同手足，还需要姑嫂、妯娌之间相亲相爱、齐心协力。她们之间的矛盾虽然不是家庭生活中的主要矛盾，但却是家庭生活中常见的矛盾。

相传古时候有一个叫王浑的人，其妻子姓钟，他弟弟的妻子姓郝，妯娌二人都品性贤淑、豁达大度。钟氏的年纪虽大一些，但和弟媳郝氏的关系却极为融洽，两人从未红过脸，互相敬重。郝氏也不因为自己是弟媳而对嫂嫂不恭，一家互敬互让，其乐融融。当时人便把她俩的这些做法叫作"钟夫人之礼、郝氏之法"。

众所周知，家庭兄弟和睦可以使家庭富裕、兴旺。假使妯娌之间没有像钟、郝这样的融洽关系，即使有再好的兄弟关系，也难免搞得左右为难、痛苦不堪，最终成为家庭美满的一大累赘和负担。然而现实生活中，人人都喜欢说："三个女人一台戏。"认为家庭中只要有妯娌关系，这台戏就"热闹了"。

的确，妯娌是家庭中比较难处的一组关系。一个家庭常常因妯娌之间的矛盾，闹得全家不得安宁，闹得兄弟之间伤感情。

妯娌关系在家庭中起着举足轻重的作用，因为她们上有公婆，中有小叔小姑，下有侄儿侄女，面对纷繁复杂的家庭人际关系，需要逐一用心调适，而妯娌之间的关系对于维护家庭团结，协调家庭关系，产生家庭的凝聚力、向心力将起着不同寻常的作用。

怎样才能搞好妯娌之间的关系呢？还是用事实说话吧。

曾经有三个兄弟，他们三个相继都成了家，老二老三的媳妇经常吵吵打打，唯独老大媳妇与谁都能和睦相处。有人问她有何经验，她笑笑说："我始终坚持妯娌之间相处'四不谈'。"

一不谈论公婆家事。妯娌们在一块最爱谈论的话题便是公婆处理家事中的所作所为，以及对自个家怎样或不怎样。这样一来，便会促使另一位或沾沾自喜，趾高气扬；或胸中憋气，暗暗记恨，无形中把不该出现的矛盾反而激化了。公婆做事有没有道理？他们的道理对不对？除了让实践去证明外，谁也难说出所以然来，也就没有必要谈论。

二不谈儿女好孬。自己的孩子咋看咋好，咋看咋亲，而对别人的孩子就不一样了。妯娌们坐在一起谈这个话题，一句不出口的话，凭一个动作，便可让人领会到是什么意思了。所以，妯娌之间最好少提或不提儿女如何，谁家孩子好孬谁家清楚，大家也清楚，与其谈论招事，不如心照不宣。

三不谈论娘家背景。妯娌们到一起，一不留神便把自个娘家搬出，什么爹当官来娘威风，七姑八姨挺神通，言下之意娘家没弱人，这无疑显出了一种优越感和对别人的挑衅。所以，避开娘家的背景而不谈，是妯娌间谈论话题时明智的选择。

四不谈论自家贫富。俗话说：家家有本难念的经，各家的事各家清。自家有钱没钱，自己知道就行，妯娌间一谈论便会产生显富哭穷的效应，以致造成不必要的误会。反正不在一口锅里吃饭，经济账最好回家自个算，免得谈出误会，影响妯娌关系。

妯娌之间虽无直接的血缘关系，但来到了一个家庭中，客观上生活在一起，应该和兄弟姐妹关系一样，在家庭管理上应该团结互助、同心协力。在困难面前互相关心、互相帮助，在利益面前互相谦让，像姐妹一样相亲相爱、互相尊敬。

俗话说"天有不测风云，人有旦夕祸福"，一个家庭不可能一帆风顺，总会遇到一些麻烦事，妯娌间应在困难中鼎力相助。患难中的情谊最宝贵、最深刻。如果一方有困难，另一方不伸手，这是很伤感情的事。

总之，妯娌之间的关系处理得好与坏，对一个家庭，甚至对社会都会有一定的影响。为了家庭和睦、幸福和团结，妯娌应心心相连共同持家。

夫妻共同跨越"语言冰河期"

结婚后，随着时间的拉长，日常琐事的增多，夫妻感情难免较之热恋时期愈来愈淡，彼此单独相处的次数减少，关心程度似乎也随之降低，进入到一个感情危机的"隐伏期"，后果自然不容乐观。此时若能有效地为双方感情升温，则会起到意想不到的效果。我们都知道，爱情需要双方的激情，但更需要双方小心维护。婚后，要想家庭幸福和睦，夫妻也需要共同努力营造幸福的婚姻。

夫妇关系和谐是家庭的基本要素，也是子女教育的良好基础。换句话说，婚姻美满是家庭幸福的核心，也是子女健康成长的关键。心理学家认为，"孩子安全感的最主要来源，是知道父母相爱"。家庭中充满愉快的气氛，则每个家庭成员都会感到轻松幸福，心情舒畅。在教育子女时也容易采取同样的态度和一致的步调，对子女的成长与发展有莫大的帮助。

反之，父母失和，家庭得不到安宁，使每个人都感到不安，特别是子女更觉紧张，他们不一定了解父母失和的原因，也无法改善父母的关系，更无法预料结果，从而无所适从，引发出许多问题。因此，对子女的养育来说，营造幸福的婚姻，是父母的首要责任。那么此时，适时为感情升温成了男女双方义不容辞的责任。那么，如何保持婚后夫妻生活的和谐、浪漫和幸福呢？

1. 别忘了说声"我爱你"

有人认为婚后夫妻不需要说"我爱你""你真漂亮"等动情的语言，其实不然，学会用动情的语言，能增加夫妻生活情趣，是恩爱夫妻的感情纽带之一。中国人夫妻间感情不像西方人那样外露，而是注重含蓄。但含蓄并不等于关闭感情的窗口。每个人都懂得不进食会产生饥饿感，但许多人不知道缺乏感情交流也会产生"感情饥饿"。拥抱接吻使人得到感情满足，动情恩爱的言语同样使人得到感情满足。医学心理证明：一个人长期得不到感情满足不仅会心情沮丧，而且有可能导致一系列心理障碍和心理疾病。因此，夫妻间善用"动情语言"是至关重要的。

当一方烧好了饭菜，另一方衷心地说一句："你辛苦了，你烧的菜真好吃，谢谢！"一方穿上新衣，另一方马上赞扬说："你今天真漂亮。"出差在外，不妨写几封信，表达平时不易启齿的爱慕之情。一句动情的话语，不仅使人感到舒畅、清爽、甜蜜、兴奋，而且容易激起感情的浪花，避免夫妻间不必要的矛盾发生。因此，无论是少夫少妻，还是老夫老妻，当你的爱人心情不佳时，千万别忘了说一声"我爱你"！

2. 认识与跨越"语言冰河期"

婚前恋爱期，男女情侣有说不尽的甜言蜜语，有时即使无话也要找话。婚后，特别是男方，"高仓健"式的色彩明显浓重起来。美国一位心理学博士指出："在婚后第一年中，夫妻间的情话与讨好行动都会比恋爱时下降30%，这一'冰河期'的到来，女方受的打击较男方还要重些。"如果女方不能正确认识丈夫的变化，那么就常会以"找话茬儿"来打破沉默，这时，丈夫如不能正确理解，便可能回击对方，于是争吵即刻发生。这时，艺术处理的方法之一是：丈夫或妻子应该静下心来倾听对方的意见，帮助其宣泄和疏导，并不时地用幽默来打破生活的尴尬。

3. 重温婚前的浪漫

已婚的女人常常对丈夫充满抱怨，认为丈夫把精力都集中在麻将、扑克牌、电视画面上，很少像婚前那样浪漫，上公园、看电影、进咖啡馆，有时连一些重要的节日，甚至妻子的生日都忘记了，这是一个重大的疏忽。

婚后，丈夫应该挤出一些时间来陪伴妻子，关心和安慰妻子。星期天、节假日，是该让妻子休息的时候了，小两口去饭馆撮一顿，上公园游乐一下或是看一场电影，都能增进夫妻间的感情，创造出新的契机。尤其是妻子的生日，做丈夫的更应该不失时机地送妻子礼物，表白自己的爱恋，重温一番恋爱时期的甜梦。

4. 走出形影不离的误区

结了婚的男女，分别与昔日生活在一起的父母或同事、伙伴们分离开来，双双住进了精心布置的新房，有较长时间生活在"两人世界"里。然而，随着时间的推移，夫妻间生活习惯的不同、兴趣爱好的差异、脾气性格的矛盾便开始显露，这时便需要调整和适应。

须知婚后夫妻间生活的质量重要的是心心相印而不是形影不离。保持一定距离是夫妻间相互吸引和爱慕的重要保证。俗话说"小别胜新婚"讲的就是这个道理。

据调查，在闹矛盾的家庭中，夫妻两人工作都很稳定并很少出差者居多，这也很说明问题。婚前恋爱时两人在一起的时间有限，因此亲密异常。婚后适当分离，正是一种适当的调节。尤其是当夫妻双方产生矛盾和分歧时，不妨暂时分开几天，让时间和距离来加深彼此的感情。

台湾女作家罗兰女士说："婚后的幸福只有一部分建立在婚前的选择上，而大部分要靠婚后的适应，全凭日后你自己怎样去耕耘。"诚然，要浇灌出甜蜜的爱情之花，需要夫妻间双方的努力。爱情，永远是两个节拍的合奏。

好女婿的好嘴巴是如何炼成的

自古就有"一个女婿半个儿"的说法。社会在发展，家庭成员却在减少，女婿现在也成了岳父岳母的"心头肉"。这也对女婿的要求提高了，不但要把事做好，还要把话说好，能讨得老人的欢心。所以好女婿也需好在嘴上，对岳父母的"诚心""孝心"，也需秀在口上，使你的好更是锦上添花。

本文为你罗列八种能说会道、讨岳父母大人喜欢的有效之术，不妨品味笑纳，大胆一试。

1. 摸准脉搏：说岳父母感兴趣的话

王光结婚后住在岳母家里。为了赢得岳母的欢心，他总是主动干家务活儿，但岳母大人的脸还是欢喜不起来。后来，他发现每当他说外边发生的新鲜事时，岳母就非常高兴，总是睁大眼睛"刨根问底"。于是他便开始留心各种各样的"新闻"，每天回到家里，就找机会向岳母大人进行"新闻"汇报。从此岳母大人见他回来总是笑脸相迎。有时没等他开口，岳母就急着问："今天又有什么新鲜事，快讲给我听听。"听完之后还要向来串门的人进行"新闻回放"，并自豪地说："我们家的女婿知道的事真多，我是天天不出门，便知天下事哟！"

2. 听话听音：说岳父母最关心的话

夏天的时候，小张的岳父从农村来到城里看望新婚不久的女儿。一天，一连下了几个小时的大雨，他坐不住了，一边望着外边，一边皱着眉头念叨："这雨怎么下起来还没完没了。唉，这老天爷……"他一连说了几遍，女儿听了就直率地说："您真是瞎操心，咱这楼房下多大的雨也不怕！"老人听了摇摇头，并开始收拾东西。女婿见状，心想，老人家准是想着地里的庄稼了。于是就对岳父说："您老别着急，俗话说，隔道不下雨，说不定咱家那里没下雨呢。我现在就打电话问问。"当老人从电话里得知家乡没下雨时，就高兴地拍着女婿的肩膀说："还是你知道我的心，冲你，我再多住几天。"

3. 知冷知热：说岳父母宽心的话

飞行员小王结婚后，因没时间照顾家常挨岳母的数落。不久岳母患了半身不遂不能下床，她又哭又喊："我这辈子没做什么坏事，怎么让我得这不能动的病啊，还不如让我死了呢！"小王利用回家的机会，除了给岳母端水喂药外，就耐心地劝其安心养病："妈，您可别胡思乱想。俗话说，天有不测风云，人有旦夕祸福。人吃五谷杂粮，哪有不生病的呢，连国家主席也难免生病。病来了，就看你能不能扛得住它。您是个要强的人，哪能让这点小病吓住呢？再说，现在医学这么发达，您这病肯定能治好的。"当见她有急躁情绪时，又笑着劝她："您不是常说，病来如山倒，病去如抽丝吗，您只要有信心，过不了几个月，您准能下地干活，我们团长的爱人比您的病重多了，没过半年就全好了，你比她年轻，一定好得更快。"边说边给她进行按摩。他的话像一剂良药，使岳母的精神好多了，没几个月，她就能下床走动了。她逢人就说："多亏小王总给我吃顺心丸，我的病才好得这么快。"

4. 了解心愿：说岳父母"露脸"的话

王师傅是个退休工人，他有两个女婿，大女婿是有钱的个体户，二女婿是小学教师。大女婿每次来看他时总是买好烟、好酒、好点心，走时还要塞给他一把钱。当老人问他孩子学习怎么样时，他总要拍着胸脯说："这年头，学习好又有什么用，有钱能使鬼推磨，我没文化还不是照样赚大钱，照样吃好的喝好的。您老想开点，别让肠子受委屈，缺钱就冲我说。"然而他却不喜欢大女婿,常说他是没出息的败家子。而二女婿了解岳父的心思,知道岳父最盼自己的子孙将来能有出息,所以每次来看他时,除了给他买他爱喝的老白干外,总是带着自己发表的文章和孩子的"三好学生"奖状让老人看,并向他汇报孩子的学习成绩,说说他们一家怎么比着学习和过日子的打算。老人听了总是笑得合不上嘴。

5. 不计前嫌:说岳父母心暖的话

小安的妻子是一个大学教师,而他只是一个普通的粮店售货员。开始岳母大人很是看不起他,可没过多久岳母对他态度变了。当人们问他用的是什么秘密武器时,他幽默地说:"我除了勤快外,就是多向她老人家请示。"他还举例说,早晨,他上班前,总要问岳母需要买什么;做饭时,要请示岳母做什么,怎么做;看电视时,要问岳母爱看哪个台;处理人情事时,要请岳母当顾问……时间长了,他把岳母大人"哄"得整天乐得合不上嘴。她常向人们说:"我闺女找小安这么个女婿,是她的福气。"

6. 小事化了:说岳父母有台阶下的话

兰兰过了产假之后便把母亲接来照顾孩子。老人的眼神不太好,加上不熟悉环境,常常找不到要找的东西。一天,她从绳子上拽下一块布擦饭碗,兰兰看见后着急地夺过那块布说:"哎呀,您怎么用孩子的尿布擦吃饭的碗呢,这些天您都用尿布擦碗吧?"说着拿过盛好的粥就要倒掉。母亲听了很是尴尬,把手里的布一扔说:"都在绳子上挂着,颜色也差不多,我哪分得清啊。我是老糊涂了,不中用了。"女婿见岳母生气了,就开玩笑地说:"妈,我说咱全家这些天怎么没受流感传染呢,原来是您暗地里给我们加了抗菌素啊。"岳母听了一愣。他又接着说:"自古不就有一种'喝童子尿不生病'的说法吗,将来我们说不定还要将这种做法大力推广。妈,您可要申请专利哟。"他的话像夏天的一股凉风,吹走了岳母脸上的阴云。

7. 风波乍起:说岳父母心安的话

一天,大全和妻子因为一点小事争吵,大全见说不过妻子,就说:"得,得,我说不过你,你和你妈一样,都是常有理。"谁知这句话让在厨房做饭的岳母听见了，老太太一听就火了，跑到女儿屋里指着大全的鼻子尖问："你们两口子为什么吵嘴我不管，可说我们娘俩都是'常有理'，我得跟你说说，我怎么'常有理'了？你今天非得给我讲清楚不可。"大全一听，觉得事情不妙，于是满脸堆笑地说："妈，您可别误会，'常有理'这可不是坏话，我这是赞扬您女儿呢。因为每次争吵都是我没理，你的女儿我的妻，无论做什么事都特别有道理，而这又都是跟您老人家学来的，没办法，我只好佩服地说她跟您一样的'常有理'喽。"说着又神秘地对老人说："实话告诉您吧，这句话还是跟我爸学的呢。因为我跟我爸一样，在媳妇面前总是'常没理'。"大全的话把老太太的怒气冲散了，她指着女婿说："你小子这张嘴呀，能把死人说活喽。"一场风波化为乌有。

8. 关键时刻：说岳父母放心的话

王大妈没有儿子，只有一个女儿。丈夫去世以后她由于身体不好，就把房卖了搬到女儿家住。开始还好，可后来在纺织厂工作的女儿下岗了，一时半会儿又找不到工作，一家老少四口都靠女婿一个人的工资生活，孩子上学需要钱，老人看病需要钱。女儿因心情不好，常在家发脾气，王大妈听了抹眼泪说："我要是有个儿子也不至于拖累你们啊。"女儿着急地说："妈，您就别说那些没用的话了。"会说话的女婿则亲热地对岳母说："妈，您这样想就错了，过去有句老话是'一个女婿半个儿'，如今时代变了，男女都一样，就该是'一个女婿一个儿'了。您想，往后都是独生子女，女婿和儿子不就都一样了嘛。您老往后不要把我当外人，从我结婚那天起，我就认定您是我的亲妈了，您是不是嫌弃我这个儿子呀？"几句话说得王大妈老泪纵横。她从箱子里拿出卖房的钱，交到女婿手里说："做了几辈子好事才让我遇上你这么个好人啊，这些钱本来是我留着养老的，有你这么个好女婿我也就一百个放心了。"

Part6 好口才给你的办事效率带来红利

　　求人办事，最能验证一个人的社交能力，尤其是语言表达能力。口才出色的人，三言两语便能收到水到渠成之效；而言语木讷的人，吞吞吐吐半天，也难以打开公关之门。从某种程度上说，求人办事的成败，取决于一个人的语言功力，有了良好的口才，就能打动人，好口才是任何人求人办事的第一法宝。

说服力是求人办事的利器

善于劝说，是一种极为可贵的能力。在求人办事的过程中，若能掌握一些说服人的技巧，你的努力就会收到意想不到的效果。一个人的说服力并不是一个常数，它是可以用巧妙的表达技巧来增强的。以下几点，是可以帮助你增强说服力的经验之谈：

1. 论据要坚实

什么样的论据才有说服力？这是一个很值得重视的问题。一个很基本的要求就是论据要坚实可靠，不可使人产生不信任感。向听者提供切实的资料比提供主张更有力。但对于一个犹豫不决的人来说，资料来源也是很有影响的，并且其影响之深不亚于资料本身。这并非因为人们只信任特定来源而不信任其他的来源，而是因为他们听到引述的话来自十分可信的权威，便不会再为自己的成见辩护。这是一种非常奇妙的心理作用。不过，引述权威的意见也不宜过分，过犹不及，资料太多也可能引起听者的反感。

2. 运用经验和例证

善于做劝服工作的人都知道，我们做事受个人的具体经验的影响比受空洞的大道理的影响要大得多。对于一个病人来说，如果大夫劝她服某种药物，那么即使医生再三证明这种药物有效，说了许多的药理知识和道理，病人总还是不免心存疑虑。但如果换一种方法试试，如医生告诉她：我自己也服这种药，只用了一个疗程就大病痊愈了。听了这样活生生的个人体验，病人一定再也不会有所顾虑了。

心理学家莫恩在研究这种方法的效果时发现，成功的推销员往往使用具体的例证向顾客说明：他们现在的选择已有人作过。

不少人认为，说服力很神秘，是人的天赋所致。实际上，它也是可以学习和提高的。只要你掌握了一些说服人的真正技巧，那么你便不怕无法说服人，你就可以尝到求人办事成功的甜美之果。

3. 站在听众一边

心理学家的研究表明，要改变别人的想法，劝说者必须与听众站在一边，两者的关系越融洽，劝说的话便越容易入耳。这是因为人类有一个共同的天性，即喜欢听"自己人"说的话。纽约市立大学、布鲁克林学院的心理学家哈斯也说过："一个酿酒专家也许能告诉你许多理由为什么某一种牌子的啤酒比另一种牌子的要好。但如果你的朋友，不管他对啤酒是否在行，教你选购某种啤酒，你很可能听他的。"

另一位心理学家莫恩在加利福尼亚州一个海滩上搞了一个传播训练公司，他发现，最佳商品推销员都能模仿顾客的声调、音量和言辞，表现顾客的姿态和情调，甚至还能下意识地在呼吸上与顾客相协调，好像是一架绝妙的反馈机器，把顾客发出的每一个信号反射回去。

这种由于在具体行动上，甚至是些很微不足道的方面表现出来的在感情上与你的听众的亲近感与认同感，往往会使你得到巨大的感情回报和共鸣。而一旦建立了这种感情共鸣，还需要什么苦口婆心的劝诫与说服呢？

4. 考虑听者处境

假如你要到隔壁去，请那里的新婚夫妇参加一项社会公益活动，你采用什么方法才能引起他们的兴趣？

平庸的劝说者可能会直截了当地说一番大道理，而善于劝人者则会先考虑对方的处境，赢得听者的信任。如果对方说自己正为某事烦恼，劝说者便会对他说："我理解你为什么会有这种感觉。要是我处在你的位置，也同样会烦恼的。"这样就既表示了对人的同情，设身处地地为人留下了广阔的空间，同时又巧妙地赢得了对方的注意。

善劝者听见对方反驳自己的话时，也会作出反应，但绝不会反驳。他会把反对的话重复一遍，承认其有道理。不少研究表明：劝说时，照顾双方的意见，比只提供单方面意见的说服力强得多。

成功办事由赞美开始

喜欢听好话、受赞美是人的天性之一。每个人都会对来自社会或他人的得当赞美而感到自尊心和荣誉感的满足。而当我们听到别人对自己的赞赏，并感到愉悦和鼓舞时，不免会对说话者产生亲切感，从而使彼此之间的心理距离缩短。那么此时若抓住这个时机求人办事，往往会事半功倍。

美国商界中，年薪最早超过100万美元的管理者叫查尔斯·斯科尔特。他在1921年被安德鲁·卡内基选拔为新组建的美国钢铁公司的第一任总裁，而当时他只有38岁。由于当时没有个人所得税，人们的收入水平普遍较低，因此这100万美元的价值相当高。

为什么查尔斯·斯科尔特能够获得如此高的年薪呢？他是天才吗？当然不是，查尔斯·斯科尔特亲口说过，对于钢铁怎么样制造，他手下的许多人比他懂得还要多。

查尔斯·斯科尔特说，他能够拿到这么多的年薪，是因为他知道跟别人相处的本领，知道办事的诀窍。他说那只是一句话，但这句话应该刻在全世界任何一个有人住的地方，每个人都要背下来，因为它会改变我们的生活，会提高我们的办事能力。他说："我认为，我那些能够使员工鼓舞起来的能力，是我拥有的最大的资产。而能够让一个人发挥出最大能力的方法就是鼓励和赞美。"

因为，只要是人，就都希望获得别人的赞美，没有人喜欢遭到别人的指责和批评。同样的道理，在办事的时候，你要与人打交道，那么赞美别人就是你求人办事的诀窍所在。

古时有一个说客，当众夸口说："小人虽不才，但极能奉承。平生有一愿，要将1000顶高帽子戴给我最先遇到的1000个人，现在已送出了999顶，只剩下最后一顶了。"有个长者听后摇头说道："我偏不信，你那最后一顶用什么方法也戴不到我的头上。"说客一听，忙拱手道："先生说得极是，不才从南到北，闯了大半辈子，但像先生这样秉性刚直、不喜奉承的人，委实没有。"长者顿时手拈胡须，得意地说："你真算得上是了解我的人啊。"听了这话，那位说客立即哈哈大笑："恭喜恭喜，我这最后一顶帽子刚刚送给先生你了。"

这只是一则笑话，但它却有深刻的寓意。其中除了那位说客的机智外，更包含了人们无法拒绝赞美之词的道理。由此可见，古今中外，要建立良好的人际关系并促某事成功，恰当地赞美别人是必不可少的。

我们每个人都希望自己受到别人的赞美，我们花了很大的精力，希望从他人那里得到赏识，但是，周围充分理解自己言行的人并不多，而我们自己也很少评论那些发生在周围的、我们所喜欢的言行。这一点着实令人感到奇怪，因为表示赞赏是非常容易的，不需要任何代价，而在赞美别人后自己得到的回报却是多方面的。

人人都喜欢被赞美。美国著名社会活动家曾推出一条原则："给人一个好名声。"如果你能以诚挚的敬意和真心实意的赞扬满足他人的被认同感和荣耀感，那么他人可能会变得更令人愉快、更通情达理、更乐于协力合作。

迂回求人好办事

求人办事能否成功，关键因素有很多，比如对方的性格、地位、当时的情况等，都是我们要考虑的重要因素。当对方不可能答应的时候，我们就得根据具体情况，采用迂回战术，这往往也是办成事的法宝。

迂回战术在人们的日常交往中常表现为一种策略性的智慧。例如，人的心理往往会有许多不易捉摸之处，如一个人想做某件明显不妥的事，若上前禁止的话，他可能横下一条心硬是去做。但若支持的话，则很有可能就会打消了他去做的念头。尤其是心理还不成熟的孩子，对待问题和事情往往不能作出正确的判断。

有位教授的儿子在学校挨了老师的骂，回家后就大声说道："我恨这个老师，真想杀了他。"教授听了这句话便说："你若真的这么恨他，杀了他好。"随后又加了一句，"但你要知道，杀死人的人也要被处死的，这点你必须考虑到。"孩子听了父亲的这几句话后，就打消了恨老师的念头。

迂回战术对于一些防备心较强、心理较为固执的人来说，更是一种极好的对付办法。上面这个例子就是，教授先顺着儿子的心理同意他的观点，然后又采用了迂回法，亮出同意儿子观点和做法后的结果是他自己本身也会被处死，那么他儿子不愿意被处死，教授的迂回也就成功了。

大书法家梁舟山的书法，风格独特，高雅动人，当时京师中的达官贵人以得梁舟山的书法作品而自豪。一次梁舟山从南方回京师，路过黄河，黄河水势极大，无法渡河，被河督留在衙内。一连十几天，河督书房内有笔墨纸张，就作消遣书写起来，几天就把厚厚一叠宣纸写了个精光。既有大字条幅，也有小楷、小篆，河督办完事回来，看他写了满屋的字十分不悦地说："这些宣纸，都是我从产地购来，准备进京送人，你却把它浪费了。"梁舟山十分尴尬。第二天，河督就派人把梁舟山送过了黄河。梁舟山进京后，将这件事告诉好友。好友说："这河督在京做官时，曾托人向你要过字，你没有给他，这次他故意不让你过河，摆上笔墨纸张，你写了字，他得了墨宝，不领情，反而把你数落一通，这实际上是报被拒绝之仇。"梁舟山恍然大悟，悔恨不已。

著名的法国农学家安端·帕尔曼切在德国当俘虏时，亲自种过土豆，回到法国后，决意要在自己的故乡培植它。可是很长时间他未能说服任何人。1787年，他得到国王的许可，在一块出了名的低产田栽培土豆。根据他的请求由一支身穿仪仗服装的、全副武装的国王卫队看守这块地。但只是白天看守，到了晚上，警卫队就撤了。这时，人们受到禁果的引诱，每到晚上就来挖土豆，并把它栽在自己的菜园里。通过这种迂回战术，帕尔曼切达到了目的。

迂回战术并不是高深莫测的，在日常生活中，即使是十岁的小姑娘也会自觉或不自觉地采用这一战术。

十岁的玛吉和妈妈相依为命。为了使玛吉高兴，妈妈答应涨了工资就给她买玩具。前不久，老板去度假，委托母女俩照看他家的一条狗、一只猫和一只鹦鹉。老板临回来的前一天，玛吉去给那些小动物喂最后一次食物。她一边喂鹦鹉，一边不断地自言自语："妈妈该涨工资了！妈妈该涨工资了！"这样，鹦鹉也学会了这句话。结果妈妈涨了工资，玛吉得到了玩具。玛吉借助鹦鹉学舌的作用，达到了母女俩的愿望，真是个聪明的孩子。

由此可见，以退为进的迂回战术，是一种有效的办事策略。它表面是退缩，实质是进攻，退是为了更好地进。就像拉弓箭一样，先把弓弦向后拉，目的是把箭射出去。但运用此法要注意三点：

1．要知情，知己知彼，方能百战百胜。

2．要有度，退要适度，进要有力，有如拉弓，过度则弓弦易断，不够则不能把箭射远。

3．生拉硬扯是不能取得好结果的，只有顺应对方的话题和心态，自然而然，顺理成章，才能退得巧妙，进得有力。

求人办事莫着急

在生活中，求人办事是不可避免的，但如果只单凭自己一个人的力量而不顺应时势，借助外人，往往难以成功。这又导致焦躁心理，因为人们在不耐烦时，往往容易变得粗鲁无礼，固执己见，而使人感觉难以相处。这种行为是有害无益的，俗话说："心急吃不了热豆腐。"当一个人失去耐心的时候，同时也就失去了明智的头脑去分析事情。

春秋战国时代，秦国大举兴兵围攻赵国的都城邯郸，赵公子平原君多次写信给魏王及魏公子信陵君，请求魏国援救。魏王派将军晋鄙带领十万大军援救赵国，但又慑于秦国的威胁，便让晋鄙把军驻扎在邺地等待、观望形势的变化。

平原君向魏国的派出使者催促出兵救援，但魏国仍按兵不动，平原君一气之下又给信陵君写了一封信，谴责信陵君见死不救。信陵君接到这封信感到非常忧虑，但无论他采取什么办法游说，都无法说服魏王。信陵君此时真像热锅上的蚂蚁一样昏了头，他把自己手下的门客集中起来，凑集了百余辆车马，想奔赴秦国，与平原君一同战死。

临行时经过夷门，见到了他最器重的门客——看门人侯嬴，侯嬴听了信陵君的慷慨陈词后非但不加鼓励，反而冷淡地说："公子您自勉吧，老臣不能随你一同去了。"

信陵君走出数里，心中很不是滋味，心想我对侯嬴的待遇可算得上周到了，如今我将要去送死，他凭什么连一字半句送行的话都没有呢？信陵君越想越气，就叫门客停下来等他，他又驾车返回去找侯嬴。

信陵君回来的时候，侯嬴正站在门口等他，笑着说："臣就知道公子会返回来的呀！"

于是，侯嬴向信陵君说出了他心中的计策。信陵君恍然大悟，采用侯嬴之计，利用如姬窃得兵符，调走了晋鄙的十万大军，解除了秦国对邯郸的包围。

这就是历史上有名的窃符救赵的故事。

有些朋友求人时心急火燎，巴不得对方马上着手就办。如果对方一两天没有什么动静，便有些沉不住气了，一催再催，搞得人家很不耐烦。这也不是求人的正确态度。

也许，对方自己有难处，不得不慢慢作打算；也许，他对应承你的事自有安排。一旦求了人家，就要充分相信人家。

由此可以看出，顺应时势，借助外力，请求他人就能以较小的代价成就较大的事情；如果在时机还没有成熟时就勉强去做，则很难奏效。因此，在现实生活中怎么样顺应时势、克服自己的焦躁情绪是求人中应当注意的问题。

　　怎么样使自己变得耐心一点，在紧张的情况下也保持心平气和呢？也就是说在不同环境下怎么样消除烦躁的情绪，至少能对它有所控制呢？

　　急性子的人都不愿意浪费时间，因此他们把时间安排得很紧，工作中的时间都安排得恰好，不容许有什么延误或差错。不过，要想万无一失，最好还是留有一定的余地，你所参加的约会越重要，预留的时间就应越充裕。如果是一场必不可误的约会，那就应该留出大量的时间回旋。

　　你如果感到十分烦躁，无法理清思绪，请运用你的想象力，努力使自己深深地潜入一个宁静的环境，进入一个稳定、美妙的境地。一位朋友说：“当我感到思绪纷乱的时候，我就努力想象小河岸边那宁静的风景胜地，它常使我的紧张和烦躁情绪消退许多。”

　　克服急躁、保持心平气和的方法之一是经常检查自己是否常犯这种毛病。如果你的急躁情绪仅属偶然，你的烦躁便会自动消失。但如果你总是怒火中烧，粗鲁无礼，那就应该认识到对自己是否看得过重了，以至于对任何人或任何事都不愿意等待。

　　做个有耐心的人不容易，做到平心静气是处世的一种境界、一种气度和一种修养。这种修养一旦形成，对求人办事具有重大作用，也是顺势求人最基本的要求。

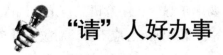

"请"人好办事

　　生活中我们经常遇到这样的情形，同样一件事，同样身份的人，甲去请人办则顺顺利利，事情也办得妥妥当当，乙去请人办则困难重重，事情也办得一塌糊涂。为什么会这样呢？有人说这是人的因素；有人说这是办事技巧问题。其实这两种因素都不能排除，请人办事是社交中非常重要的一环，它综合了一个人的综合素质，包含了许多做人做事的艺术，其中有很多讲究，但最关键的就是要"请"字当先。

一句充满人情味的请求话，比通篇大道理更有说服力，因为人还是比较重情义的。生活中常常可以看到，以适应对方的心理需求而提出诚恳的请求，往往是成功的说服方法。

请求别人，要把握恰当的时机，对方时间宽裕，心情舒畅时，请求他做点事得到答应的可能性很大。再者，如果不是紧急的事，最好是在别人愉快或空闲时提出；当别人情绪不佳或事务繁忙的时候，最好不要打扰别人，因为此时的请求效果可能适得其反。

请求别人办事，无论大事还是小事，都要注重一个"请"字，不要认为是别人"理所应当"的事。如果对人开口称"喂"，闭口称"喂"，那非碰壁不可。另外，对别人的帮助表示感谢应该说得真诚。如你请朋友帮忙找到了一本早就想要的书，你可以这样说："谢谢了，没有你的帮助，我恐怕不能这么快就看到它。"

所以请求别人，一定要注意礼貌，"请"字当头，因为毕竟是你有求于人，如果请求别人对疑难问题指点迷津，应说："请教您一个问题，可以吗？"你不知道去市体育中心的路，应向路人问："请问到市体育中心的路怎么走？"去商店买东西，你应对服务小姐说："请把那个文具盒拿给我看看。"风从窗口吹进来，你对坐在窗户边的小刘说："请关一下窗，好吗？"凡有请求必需请求语，这样对方容易接受。

请求别人，还要端正态度，注意语气。请求别人虽无须低声下气，但也绝不能高人一等，非得别人答应不可，而应当语气诚恳，平等对待。要用协商的语气，如："劳驾，让我过一下，行吗？""对不起，请别抽烟，好吗？""什么时候有空请跟我打打球，怎么样？"

同时，还要体谅对方的心理："我知道这事对您来说不好办，但我实在没有办法，只好难为你了。"

当有客观原因，对方不能答应请求时，你不要抱怨、愤怒甚至是恶语相加，你还得还礼道谢："谢谢你！""没关系，我再找找别人。""没事，你忙你的去吧。"这样对方在有条件帮忙时肯定会鼎力相助；如果你不能体谅对方，还对对方施以抱怨，这等于堵死了再次向对方提出请求的通路。

办事时说话要分场合

在《庄子》中有这样一则寓言：有一天，吴王率人登猴山，一群猴子见到人来，纷纷逃进荆棘丛中。只有一只猴子，在吴王面前搔首弄姿，卖弄乖巧。吴王用箭射它，它反而抓住了箭头，更加肆无忌惮。于是吴王命手下人一齐放箭，把猴子射死了。

这只猴子之所以命丧黄泉，就在于它不分场合，随意卖弄。这则寓言告诉我们，做什么事情都要分清场合，不要死心眼，哪壶不开提哪壶，否则你得罪了人还不知道怎么得罪的。说话也是这样，说话时一定要分清情况，看什么人说什么话，切忌不分对象、"急病乱投医"。

分开来讲，也就是说谈话的语言要视对方的修养而选择，做到能雅能俗，才不会令人有格格不入的反感。谈话的话题应该视对方的情形而定，再好的话题，若不能符合对方的习惯、喜好和需要，都无法引出彼此共同的话题来，只有先相互聊得投机，然后才能设法慢慢地把话题引导进自己所要谈论的范围里。

在日常谈话中，一般人都是说些身边琐事，这或许是想向对方表示亲切。而在正式交谈中，希望你不要把老婆、儿女当作谈话的资料，否则总不免给人以娘娘腔和不务正业的感觉。

谈话要先从政治、经济等比较严肃的话题开始，然后再涉猎到文学、艺术、个人兴趣等比较轻松的话题。总之，将自己的观念、见解堂堂正正地阐述出来，使得彼此都能在思想上产生共鸣，这才是最好的谈话。

一个善于求人的人，一定很注重礼貌，用词考究，不致说出不合时宜的话，因为他知道不得体的言辞往往会伤害别人，即使事后想再弥补也来不及了。相反地，如果你的举止很稳重，态度很温和，言辞中肯动听，双方自然就能谈得投机，求别人办的事自然也易办成。

所以为了要使对方对你产生好感，必须言语和善，讲话前先斟酌思量，不要想到什么说什么，这样引起别人皱眉自己还不知道为什么。那些心直口快的朋友平时要多培养一下自己深思慎言的习惯，切不可像随地吐痰似的不看身处何处就脱口而出，那样会影响到自身的形象。

既然要托人办事，大多是因为工作、生活出现了困难和危机，比如家人生病、婚姻不睦、事业不顺等，这些因素都会使人心力交瘁，丧失信心，不仅影响情绪，而且影响和周围人的交往。在处于情绪低潮时，请求别人能给予关怀，伸出援助之手，是人之常情。但千万记住，不要把过度沮丧的情绪带到别人面前。托人办事儿，总是一副哭丧的脸，会使人感到晦气。

既然生活中的人有各种各样的类型，那么我们在办事时就肯定能相应地与之碰到，对不同类型的人说不同的话，才能达到最好的办事效果。

软磨硬泡，友好地"赖"着对方

在求人办事的过程中，有时你求到对方头上，对方能办，可就是找各种各样的借口和理由搪塞、推托和拒绝，搞得你无能为力、无可奈何、无计可施。有些人面对这种情况，脸皮很薄，自尊心太强，经不住人家拒绝的打击。只要前进一受阻，他们就脸红，感到羞辱气恼，要么与人争吵闹崩，要么拂袖而去，再不回头。看起来这种人很有几分"骨气"，其实是过分脆弱的自尊导致他们只顾面子而不想千方百计达到目的，这样于事业无益。但也有一部分性格顽强、不达目的誓不罢休的人，他们采用软缠硬磨法，友好地"赖"着对方的时间，"赖"着对方的情面，甚至"赖"着对方的地盘，不答应就是不撤退，不把事情办成就是不回头，搞得对方急不得、恼不得，最后不得不答应了他的要求，他这才鸣金收兵凯旋。

因此，我们在求人时，既要有自尊，又不要过分自尊。为了达到交际目的，有时脸皮不妨厚一点，碰个钉子，脸不红，心不跳，不气不恼，照样微笑与人周旋，只要还有一丝希望就要全力争取。

"软磨硬泡"的特色是以消极的形式争取积极的效果，通过消耗彼此的时间和精力，给对方施加压力，从而达到影响对方态度和改变对方态度的目的。具体说来，"软磨硬泡"这种方法有如下几种具体的小窍门：

1. 足够的耐心是"软磨硬泡"的前提和基础。当交际受阻出现僵局时，人们的直接反应通常是烦躁、失意、恼火甚至发怒，然而，这无助于事情的解决。你应理性地控制自己，采取忍耐的态度。一方面，忍耐所表现出的是对对方处境的理解，是对转机到来的期待和对求人成功的自信。有了这种心境，你就能在精神上使自己处于强有力的地位，能够方寸不乱，调动自己全部的聪明才智，想方设法去突破僵局。即使消耗一定的时间也在所不惜。另一方面，"软磨硬泡"消耗的是时间，而时间恰恰是一种武器。时间对谁都是宝贵的，人们最耗不起的是时间。所以，如果你能以足够的耐心，摆出一副"打持久战"的架势与对方对垒时，便会对对方的心理产生震慑。以"泡"对"拖"，足以促其改变初衷，加快办事速度。所以，你要沉住气，耐心地牺牲一点时间，反而可以争取到更多的时间。

2. "软磨硬泡"不仅要能"泡"，还要会"泡"。换言之，"泡"不是消极地耗时间，也不是硬和人家耍无赖，而是要善于采取积极的行动影响对方、感化对方，促进事态向好的方向发展。

俗话说："人心都是肉长的。"不管双方认识上的差距有多大，只要你善于用行动证明你的诚意，就会促使对方去思索，进而理解你的苦心，从固执的框框里跳出来，那时你就将"泡"出希望。

3. "软磨硬泡"中要适时巧言攻心。有时候你去求人，对方推托不办，并不是不想办，而是有实际困难，或心有所疑。这时，你若仅仅靠行动去"泡"，很难奏效，甚至会把对方"泡"火了，缠烦了，更不利于办事。如遇这种情形，嘴巴上的功夫就显得十分重要了。要善解人意，抓住问题的症结，巧用语言攻心。话是开心的钥匙，当你把话说到点子上时，就会敲开对方心灵的大门。那么你的"软磨硬泡"也就真正起到作用了。

运用这种说服法，须有坚韧的性格才行，内坚外韧，对一度的失败绝不灰心，找机会反复地盯上门去，必然会如愿以偿。需要注意的是，运用此法要有分寸，超过限度，伤害了对方的感情，反而会得到反效果。所以要谨慎处理，以不过度为限。"软磨硬泡"是办难事的一种特殊手段，之所以特殊是因为这一手段如果用好了可以打动对方，但是，一旦用不好也能将事情搞砸。因此，如何在对方的耐心所能承受的最大限度下加以运用，使对方不致生厌恶之心，是"软磨硬泡"的重要一环。

很多事情往往就在于能不能坚持一下，坚持下去就会成功。这就需要放下自己的面子，即使"软磨硬泡"又何妨。

Part7 好口才给你的职业生涯带来红利

在这个充满竞争的时代里，每个人都要到社会上寻找自己的职业，因此每个人都离不开面试。在残酷的面试竞争中脱颖而出，一方面依靠的是自己的实力，但更重要的是依靠自己出色的口才打动面试官，从而赢得了工作。所以，得体到位的面试语言技巧非常重要。

亮出一个精彩的自己

面试是我们求职过程中的第一个环节，其重要性自不必说。但如何展示自己才能让面试官用你而非别人呢？诀窍就是要在面试中勇敢地亮出一个精彩的自己。

战国时，七雄逐鹿中原以争天下，布衣毛遂自我推荐，前往楚国游说，把自己的说话才能发挥得淋漓尽致，终于使楚王派兵救赵，解赵之围，为中国历史上留下了"毛遂自荐"的千古佳话。我国的茅台酒饮誉海内外，可当初它在万国博览会上却因包装粗糙而遭冷遇。面对如此尴尬的局面，富有推销意识的华商急中生智，故意失手打翻酒瓶，使茅酒"脱颖而出"，飘香五洲四海。

一个人要是能成功地亮出精彩的自己，就有可能获得任何自己想要的职位。而成功展示自己的目的，就是要面试官能接受你、肯定你。能被面试官认可，那你就成功了。所以，我们今天必须丢开包袱，勇敢地展示自我。

当你走到面试官面前的时候，即使他没有要求作自我介绍，你也应该主动地作一个自我介绍。因为，这不仅可以使面试官从你的介绍中了解你，而且你还可以通过自我介绍来展示自己的口才、应变能力、心理承受能力以及逻辑思维能力等。要知道，这可是你迈进新单位门槛的第一次亮相，一定要好好把握，争取打响第一炮，在面试官心里留下深刻的第一印象。想要达到良好的效果，作为应聘者的你，要注意以下几点：

1．穿与你找的工作相适应的衣服。这样就让人产生你适合于这一工作的印象，如果没条件做到，那也应该衣装整洁得体。面试之前，最好在家里先打个自我介绍的草稿，以免临场由于紧张而顾此失彼，失去了方寸。然后再试着讲述几次，感觉一下。

2．准时。最好提早几分钟，迟到会给人留下不守时或者对这份工作不重视的印象。

3．如果还没有填好有关表格，一定要抓紧时间提前填好，字迹要清晰端正，不要有错别字，并想想如何回答有关问题。

4．握手要稳重有力，但不要捏痛对方。如果约见者走出办公室见你，你该站起来，握手，然后拿起自己的东西立刻跟随其后，且脚步声不宜过重。

5．进办公室后，坐姿端正，给对方一种你很注意姿态的印象。不要靠在桌子上或者仰在椅子上，把腿伸得太远。不要双臂叉胸而坐。坐着时别弯腰，姿态保持端正。

6．自我介绍时应面带微笑，先礼貌地做一个极简短的开场白，并向所有的面试人员示意。如果面试官正在注意别的东西，可以稍微等一下，等他的注意力转过来后才开始。自我介绍的时间长短要适宜，如果面试官规定了时间，一定要注意时间的掌握。

7．介绍的内容不宜太多停留在诸如姓名、工作经历、时间等问题上，因为这些在你的简历上已经有了。你应该更多地谈一些跟你所应聘职位有关的工作经历和所取得过的成绩，以证明你确实有能力胜任你所应聘的工作职位。

8．在作自我介绍时，眼睛千万不要东张西望、四处游离，显得漫不经心，这会给人做事随便、注意力不集中的感觉。眼睛最好要多注视面试官，但也不能长久注视目不转睛。再就是尽量少加一些手的辅助动作，因为这毕竟不是在演讲，保持一种得体的姿态也是很重要的。

9．陈述你的专长时要直爽。不必过于自谦，但也不要带有自夸的语气。不管你对自己受过的教育感到骄傲还是自卑，都要用平静的声音直述，并多强调你愿意多学，多努力。

10．面带微笑。无论遇到怎样的情况，都要给人以友好的微笑，这是征服对方的有力武器。

11．别故意装老练。不要想用说笑话来化解紧张，这会使对方反感。称对方为先生或女士，不要直呼其名。

12．如果你能表达出对某项特殊工作的兴趣最好，并指出为什么自己特别适合这项工作。比如，你要干办事员或者秘书，就要强调自己的办事能力，会打字和电脑、文字功底较好等。

13．要热情饱满，但是不要天马行空乱谈一气。仔细听取提问并集中精力回答，否则，别人会认为你不能专心致志或者缺乏听话技巧。

14．如有必要，向对方介绍自己以前的工作经验，特别是讲述自己从中学到了什么，包括社交能力、销售技巧和理财能力等。

15．及时把工作经历、成功案例等面试前准备好的材料呈给对方，必要的时候可以进行一些解释。

16．不要一开始就谈论报酬，而是当对方提出时才提出自己的要求。如果对方已答应录用但是又没有提到工资，你可以问自己这份工作的报酬。

17．约见结束时，不要忘记与对方握手并表示感谢。回来后立即写邮件表示感谢，并着重指出自己对这份工作和该公司很感兴趣。如果两个星期后还没有得到答复，可打电话询问是否已经录取他人，或者自己还在对方的考虑之中。如果这份工作已录用了别人，就请对方留意自己，以后有机会时再联系。

最后要强调的是，一个饱满的精神状态，对表达一个自信的自己非常重要。只要有信心，定会亮出一个精彩的自己。

面试时语言要"出彩"

面试时，应发挥语言优势，把握时机。因为良好的语言是双向交流的关键。在面试过程中与用人单位的关系是一种双向交流关系，应聘者既要向用人单位推销自己，同时也要主动认识、了解和评价用人单位；不但要回答问题，还应向招聘者提出问题。你如果能够提出有意义的问题，不仅证明你有诚心做这份工作，还能证明你有较强的能力。

但我们参加面试，在与面试官的交谈及回答问题中，会说许多的话，这些话不可能句句出彩，但不能没有出彩的话。如果没有出彩的话，你的面试就会平淡无奇，沉闷死寂，就会为你的成功埋下隐患；如果能有一句或几句出彩的话，或异常精彩的话，就能把你所有的面试语言带亮，就能形成面试的高潮进而为你的形象增光，为你的成功加分。那么，面试时，怎样让你的语言出彩呢？

1．直言相告出彩。通常情况下，求职应试总是要说恭维话，以引起对方的好感而达到谋职的目的。但一味说好话也未必能打动人，有时发现对方有错误，直言相告，指出对方的不足之处，且令对方口服心服，常常也能达到求职的目的。

南京大学天文学系一名女毕业生在参加宝洁公司主考官最后一轮面试时，大胆指出宝洁公司的不足并列举国外的事例加以佐证，使对方不得不折服，结果她被首先选中。

这位大学生之所以能胜过别的求职者，不仅是因为真诚地运用了说话的技巧，由"贴金"转变为说不足，而且表明：首先，你已经在关心、研究该单位，并投身于该单位未来发展之路的探索了；其次，你想到这个单位来态度是认真的，目标是专一的，而不是抱着"进得了再说，进不了拉倒"的心态来随便试试看的。另外，你说得令人信服，还表明你研究之深、水平之高。这些都能帮助你获得求职的成功。但必须注意，直言相告必须态度诚恳，着眼于对方做得更好，具有建设性，具有可行性，且实事求是，说到点子上。

面试让语言出彩，并非都要豪言壮语、名言警句，像那些恰当的调侃、小幽默，也能使面试语言出彩，起到创造和谐轻松的气氛、打动考官的效果。

2．坦诚出彩。小王高考落榜后到南方的一个城市去打工。然而，几乎所有的招聘单位不是要求应聘人有大专以上的文凭，就是要求有专业职称，而他什么都没有。正当他一筹莫展时，朋友给他出了一个主意："搞张假大学文凭"，并给了他办假"大学毕业证"的地址。朋友的建议被他当场否定了，但在好奇心的驱使下，他还是决定去看看。第二天，他途中经过一家工厂，看见厂门前围着一群人，原来这家工厂正在招聘仓库管理员。他看自己的条件都符合招聘栏上的要求，于是强压住内心的激动，挤上前去高高举起自己的证件——身份证和已经起皱的高中毕业证书。负责招聘的小姐把所有应聘人的证件都收了进去，过了一会儿，她又退出一叠证件来。原来那些毕业证书全是假的，结果他被选中面试了。

小王无疑是靠自己的真诚谋得了一份工作，假如他也弄一个假大学文凭，注定是要失去这次机会的。

3. 反驳出彩。有一个初次参加面试的女孩子去应聘，顺利地通过了初试和复试，在决定能否被聘用的面试中，招聘方总经理当面告知她没被聘用，理由是她的形象不适合她所应聘的公关业务。原来，该女孩那天穿了一身日常的衣服，素面朝天，相貌平平，很不起眼。听到这样的话，女孩只能转身离去，又觉得很伤自尊。本来那扇门已经在她身后关闭了，她却头脑一热，突然转身又打开了那扇门，对主持面试的经理说道："主动权掌握在您的手里，说起来我没有讨价还价的资格。本来，您不需要任何理由就可以决定我是否被聘用，但您给了，而且给我的理由恰恰是一个不能让我接受的理由。我可以用一分钟换一套衣服，用两分钟换一种发型，但我的学识和内涵才是真正可贵的，我头脑冷静、随机应变的本质，才是公关职位真正需要的东西，而这是我多年来磨炼的结果，是无法用服装、发型等外在形象这类因素改变的。"本来，这个女孩想，既然已被宣布落聘，何不放下一切顾虑去反驳一下，直抒胸臆，出出气呢？结果第二天，公司与这个女孩联系，告诉她被录用了。

4. 反问出彩。反问句是语言中的强句，是语言中的"盐"，它以比较强烈的方式表达自己的心声和感情，面试中恰当运用，也能使语言出彩。

小丁到一家"桑塔纳"轿车维修中心求职，论学历，该中心要求大学本科毕业，而小丁只是个职业中专毕业生；论技术，该中心要求会维修桑塔纳轿车，而小丁只修过摩托车，而且是业余的。可他却凭着自己出彩的语言，打动了经理，获得了成功。在面试中，经理最后对小丁还有些不放心，又提出了最后一个问题："那你学会修轿车以后，是不是又要'跳槽'呢？"小丁一听，灵机一动，答道："咱们这个企业效益这么好，我为什么要'跳槽'呢？我到哪里不是为了生活？我没有过高的奢望，只要出师后，收入能维持一个普通人的生活就行了。当然，如果有一天，咱们的企业也像我原先所在的单位，连每月300元的工资都发不了，经理，您到时候会让我永远在这儿待下去吗？我希望咱们的企业能永远兴旺发达下去，对这一点，您不是也在苦苦追寻吗？"这一席话，把经理说得忍俊不禁。在这里，小丁用第一个反问句，变被动为主动，非常巧妙地讲明了自己的"跳槽"实属无奈，并非天生的"朝秦暮楚"。接着又用了第二个反问句，既充分表达了对总经理领导能力的信任，又表明了自己"心系企业"的心情，入情入理，亲切感人。

5. 对比出彩。对比出彩就是运用具有鲜明对比作用的词语或句子，使面试语言出彩。

有一位求职者在面试中说："我十分愿意为贵公司效力，但如果由于名额有限不能效力帐下，我也不会气馁，我会继续努力。我相信：我如果不能成为您的得力助手，那我一定要成为您强有力的对手。"主考官听后，不由得心中暗暗点头。在这位求职者的话语中，"得力助手"与"强有力的对手"形成了强烈的对比，表现了这位求职者的不卑不亢、柔中带刚，具有巨大的震撼力和"威慑力"。

好口才助你过面试难关

求职面试时，主考官时不时会针对应试者的心理，提一些较难回答的问题，来检测面试者的综合能力。这些问题让你听起来一下子不知如何作答，答也不好，不答也不好；多答也不好，少说了好像也不行。还有的问题你又会感到：不知从哪个角度作答更为有利或更为礼貌。有的看起来简单，实则危机四伏，一不小心就会使自己陷入困境。

1．你希望得到的薪水是多少？

如果你对薪酬的要求太低，那么他们就会怀疑你的能力；如果要求太高，超出了公司承受的范围，公司同样不会考虑录用你；如果你不假思索地报一个数字，无论合适与否都会让人觉得你唐突和莽撞。所以应在面试前做好准备，充分了解自己所从事工作的合理的市场价值。然后就可以不慌不忙地回答："我听别人说这个职位的行情大概是……"这样借话回答，有回旋的余地。当然，礼貌性地反问也不失为一种好的方法。

2．请谈谈你自己

这个问题很大，也是开场白中最典型的一个。从哪里谈都行，但滔滔不绝地讲上一个小时可不是面试者所希望的。显然，他想让你把你的背景和想得到的职位联系起来，因此，当你回答这个问题时，心中应该牢记如下要点：

首先，回答的重点应该放在工作业绩、专业水准、特殊技能以及潜在能力和发展方向上。绝不要以为考官对你个人的私事感兴趣，便说一大堆跟工作无关的琐事。你可以谈谈自己与众不同的观点，但还是谈和工作有关的比较妥当。

其次，以实例证明你所说的广泛言论，回答问题要中心突出，最好能提出一些特殊的例子，并强调过去的成就。

最后，言简意赅，一般不要超过两三分钟的时间。回答完之后，随即询问考官，是否还需要介绍自己别的方面。

3．你如何评价自己的优缺点？

这是面试中最常见，也是最棘手的问题。

面试者试图使你处于不利的境地，观察你在类似的困境中将有什么反应。回答这样的问题应该用简洁的正面介绍抵消反面的问题。比如在回答优点时，应当首先强调你的适应能力或已具有的技能。如"学习能力、适应能力很强"，"人际关系很好"等都是可以提出的优点，但尽可能要提供与工作有关的证据。

在对自己的缺点进行评价时，最好的答案就是那些就工作而言可以成为优点的弱点。

例如，我一专心工作就无法停止，一直到完成而且令人满意为止，借此，你告诉考官，你不达目标绝不罢手，而且为自己的工作感到骄傲。

对于别人认为的缺点，自己觉得有些牵强时，不妨率直地附加说明：

"朋友们认为我有些浮躁，我不知道这样的批评是否正确，但我的确希望自己以后能再稳重一点，多听听别人的建议。任何长处到了极限也会成为短处。比方说，我能和别人合作得很好，这无疑是个优点。但我特别需要别人的帮助，不善于单独工作，现在我意识到了这个缺点，并努力克服。我可以高兴地告诉您，我已经在这些方面取得了一些进步。"

4．你为什么想到本公司工作?

如果回答"喜欢贵公司"是行不通的，尽管这可能是你的心里话。

回答这个问题，要紧紧围绕"公司提供的难得的机会最适合于自己的兴趣、经历"这一点。要让考官知道，你愿意效力于他的公司有充分的理由，而不是随便找一份工作。

此时你最好能够罗列出相当详细的资料，以表示出对这家公司的关注程度。例如，公司涉及的专业、生产线、经营地点，公司最新取得的成果，公司的财务状况等。能够聪明地谈论公司情况，可以迅速地使你从那90%的因懒惰而不能知道公司或工作内情的求职者中脱颖而出，尽管他们也曾想在那里找到工作。

比较蹩脚的回答是："由于贵公司每周休息两天，劳动环境好，福利设施完备。"这种回答对你十分不利。这个问题其实是问你到公司工作的动机是什么，换句话说，你进公司想干什么，因此这种回答根本不沾边。

5．谈谈别人对你的评价

这与面试者的两种期望有关，一是你是否容易相处；二是许多面试者会在录用之前咨询你简历上的证明人，看看是否与你说的一样。这时你应该坦诚，但得有策略，不能什么都讲，两三点足矣。

6．你对以后有什么打算？

这个问题一是在考察你能否把工作长久地干下去；二是考察你是有志向，还是好高骛远；三是考察你对生活、对工作的计划性。你应根据自身情况，就一点出发，简短作答，否则后果不堪设想。

7．原单位在规模、声誉、效益、待遇方面远胜于我们，你为何要来我们这里？

一个人的价值不仅仅体现在薪水上面，一个人的成功靠的不是树大好乘凉，只要有用武之地，不管在什么地方都能体现自己的价值。虽然这个回答看似没有直接回答问题，但表明了自己的自信和抱负。

完美回答面试官未必会成功

面试之前，一般人都会做好充分的准备。比如：面试者可能会问到的问题都有哪些，在作自我介绍时应该注意的事项，甚至着装都会充分准备好。但是不是充分准备后就能轻松过关呢？其实，有时候过于完美的答案也未必能使面试成功。

小雯与小惠同时去一家贸易公司应聘，论能力，两人在英语水平、文案管理等方面不相上下，但是小雯的公关能力比小惠略胜一筹；而小惠的文字功底则强过小雯。二者实力相当，主考官难以取舍，最后，公司决定用一道测试题来决定谁留下。这个问题是：某天公司有一个技术上的紧急情况需要马上与客户沟通，但恰好在前一天，一直热恋的男友突然提出与你分手，你的心情坏到了极点。此时此刻，你准备用什么样的心态去与客户打交道？

小雯反应极快，当即回答道：我会丢掉一切杂念，把公司的这件要紧事处理好。

小惠的回答则相反：主管，我今天可能会出错，因为我有点私人感情的问题，精神状态一时难以调整过来。我想请一天假由您代劳，以免由于我纷乱的心绪可能给公司带来不必要的损失。

听完她们的答复后，考官当场决定录用小惠。

按理说，小雯的回答如此完美，为什么却落选了呢？实际上，小雯的答案虽然很完美，但却不真实。因为人是有感情的，情感方面的因素不可能不影响到工作情绪。相比之下，小惠的答复却说的是真心话，没有丝毫的矫揉造作。

现代很多企业用人，已经不单单看能力与技术，开始更多地关注到一个人的人品，也就是德行方面。

某企业在招聘员工时曾发生过这样一件事：经过层层筛选，几百名应聘者中只剩下不到十人闯到了最后一道关。这时，总经理出场了，他对每个单独会面的人都说了这么几句话："你还记得吗？半年前在一个研讨会上，我们已经见过面了。当时，你还宣读了一篇文章，写得真不错……"

其实，这只是个试探，总经理本人根本就没有参加过那次研讨会。但是，除了一位女孩外，所有的人都顺着总经理的话往上爬："您一提醒，我想起来了，咱们确实见过面。至于那篇稿子，写得还不够透彻，希望您能多多指教……"

只有一位女孩听了总经理的话后，犹豫了片刻，但还是说了实话："总经理先生，我想您可能认错人了吧。我当时出差在外，不可能赶回来参加这个研讨会。非常抱歉，让您失望了……"总经理听了，却说："小姐，我们决定录用你了。"女孩的诚实帮她得到了这份工作。

现实中这样的例子不在少数。事实也证明，在面试过程中，并不是回答出完美的答案就是最佳的，有时往往你的完美或许会先"落马"。

　　小赵应聘一家广告公司，主考官问她对另一家广告公司近期策划的一个大型活动有何看法。作为业内人士，小赵知道该活动影响较大，而且创意及实施都相当成功，并收到了良好的社会和经济效益。但想到那家公司和自己应聘的公司是竞争对手，若说对方好话可能会惹主考官不高兴，于是，她就很含糊地指出了该活动中几点不太成功的地方，但剖析问题又不着重点。结果，主考官说："是吗？我反倒认为这次活动非常成功，很值得我们公司学习借鉴。"听到这句话，小赵追悔莫及。

　　以上这些事例都是告诉大家，面试中，不要一味地迎合考官，而要注意辨别其中的陷阱，小心上了考官的当。

 ## 面试中表现自我有话要好"说"

　　大家都知道，有限的面试时间根本无法完全展示出一个人的思想、才智、修养，那么面试官根据什么来判断你是否适合所招聘的职位，来决定是否录用你呢？关键就是你的言谈举止。因为"说"是表达自我的一个重要的手段，事实上，面试官录用的不仅仅是他眼中的你，更重要的是你口中的你自己。因此，对于一场面试来说，最关键的自然就是一个"说"字了。那么，在面试中怎么样说才能达到表现自我的目的呢？

　　1. 说好第一句话。据统计，有70%的应试者在参加面试时，不主动说第一句话，而只是沉默地等待面试官的发问。有的人虽然采取了主动，但话却说得很不得体。如："嗯，我来了。""我准备好了，请提问题吧。"一般来说，第一句话可以是问候、请示或作自我介绍，如："您好，我是某某某，参加面试的。"要根据当时的实际情况灵活掌握，不能弄巧成拙。创造良好的开端，可以给面试官留下良好的印象。

　　2. 积极参与谈话。大多数面试官都喜欢积极参与谈话、性格开朗的人。因此，应试者不能消极被动地坐在那里等着回答问题，而是要积极主动地参与交谈，适时调控面谈的进程，达到说服对方的目的。当然，交谈要掌握分寸，把握要点，不要说一些与面试无关的事情，要知道，话说得过多就难免失之轻率，更会给人喧宾夺主的感觉，产生不好的效果。

3．采用呼应式交谈。现代社会的招聘与应聘是一个双向选择的过程，而面试更是一个互动的环节。它既不同于当众演讲，又不同于自言自语，它重视的是双方相互之间的呼应。成功的对话是一个相互应答的过程，自己的每一句话都应该是对方上一句话的继续，并给对方提供发言的余地。对于面试官说话中的风趣幽默之处，也应适当报以微笑。

4．弄清提问的内容。面试中，面试官提出的问题过大，以至于不知道从何答起，或对问题的意思不明白，是常有的事。这时不能想当然地理解，答非所问。如果对方的问题过大，你不应该当面指出"你的问题很模糊，不可能知道你想问什么"，最好是婉转地表示自己不太明白对方要求哪一方面的答案，说"不知道您想问的是不是……"对于没有听清的问题，可以要求对方重复一次，不能胡乱猜测，信口开河。

5．恰当处理说错话。应试者在面试时由于紧张，容易脱口而出说错话。这里，不应该懊悔万分，心慌意乱，这样只能越发紧张，接下去的表现会更糟糕，最好的办法是保持镇静。若说错的话无关紧要，可以若无其事，专心继续应答。因为面试官不会因一点小错误而放过合适的人才，且面试官也会理解你因为心情紧张说错话。若说错的话是比较重要的，应该在合适的时间更正并道歉。例如说："对不起，刚才我有点紧张，好像讲错了，我的意思是……，而不是……，请原谅。"出错后弥补自己的过失需要很大的勇气，但面试官往往会欣赏应试者的坦诚态度。

6．重视最后的道别。这是给人好印象的要点之一。虽然最后的动作并不能代替你之前的表现，但不可讳言的是，最后的道别却更能给对方留下深刻的印象。

总之，应试者在介绍情况、回答问题时，既不能冗长烦琐，也不要混乱晦涩。应该尽量做到，一是把自己的意思完整地表达出来；二是要条理清楚，层次分明，合乎逻辑思维；三是语言要简练，没有废话；四是语速适中，不急不缓，平时说话快的尽量把语速降低下来；五是声音大小要适中，太小显得信心不足，太大会使人感到很不自在，说话的声音只要让主考人听清就行了。

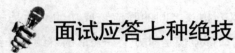 # 面试应答七种绝技

1．有问必答

不管是什么问题，都要作出回答，这是最基本的原则。对于考官的问题，有的虽然刁钻，但可能是测试你的应变技巧、反应能力，不管你反应能力如何，总得有一个答案，如果拒绝或者说"这个问题很难回答"，那么，你被录取的机会就可能不大了。

2．引石攻玉

有些问题如果硬要回答会漏洞百出。比如，考官问你："如果把这个职位交给你，你有什么样的工作计划？"如果你有很熟练的相关工作经验和对这个单位状况的分析，也许能说出个一二三来。否则，你就回答："我只有在接手这个职位后，才能根据实际情况制订相应的工作计划。"这样会给考官留下你是不尚空谈、比较注重实际的稳重型人才的印象。

3．不避实就虚

有些专业性很强的问题，如果你又确实不懂，就坦率承认，千万别说"我想想"，再怎么想也没有结果，只会给考官留下不懂装懂的印象。有时考官出这一类的问题纯粹是想验证一下你是否诚实，如果你坦率承认自己不懂，就正好通过了考官对你在这方面的测评。

4．旁敲侧击

有些问题要想正面回答等于是否定自己，因此要设法将可能否定自己的话，转化成肯定自己的话。例如，考官问你是否曾在食品厂工作过，然而你却只在酒厂工作过。如果你据实回答这个问题，答案只能是"没

有"。你可以这样说："没在食品厂工作过。但我在酒厂工作多年，我认为酒厂与食品厂在某些工艺上有相似之处，而且企业管理应该是相通的。"这等于变否定为肯定的回答。

5．大题小做

考官有时会问一些"很大"的题目，比如问"说说你自己"，至于说"你自己"什么，并没有限定，但他要的答案并不是"你自己"事无巨细的全部，因此，你必须"小"做，不要没选择、没目的地说起来。一般说来，"大"题"小"做的技巧是，围绕你应聘的职位来谈，以"说说你自己"为例，"小"在与应聘岗位相关的知识、技能、经验方面即可，考官如果有兴趣再了解你的其他情况，他会发问的。这样的问题往往出现在面试开始时，考官等于不出任何问题，而让你先打开话匣子，因此，你必须有意识地把话题拉到你的能力、性格优点、学识、经验等方面来，不能错过这样的好机会。

6．反戈一击

有些问题太过刁钻，而且实在无法回答，不妨反戈一击，反问对方，也能起到意想不到的效果。例如：

民国时期，某主考见一位朱姓考生知识渊博，思维敏捷，各类问题对答如流，突发异想，抛开原定题目，出了一道偏题："《总理遗嘱》，每次纪念大会上都要诵读，请你回答一共多少字？"这下可真把朱某考住了。他暗想，主考出此题目未免脱离常规，既然有意刁难，录取必然无望，就不管一切，大胆反问："主考官的尊姓大名，天天目睹手写，也已烂熟，请问共有几笔？"主考官想不到应考者竟会如此反问，一时愣住。事后，主考官十分赏识朱某的才能和胆识，于是亲自录用为县长。

7．主动出击

如果考官问完了问题，又没立即结束谈话的意思，你可以礼貌地问一句："不知道我说清楚了没有？请问你还有什么需要我介绍的？"这样主考官会认为你是一个反应灵敏、主动性强的有心人，从而对你另眼相看，你成功的机会也就大一些了。

应聘：名人是如何成功的

在现代社会，无论是谁毕业后都要面临面试找工作这一关，名人也一样。他们也有刚刚从学校跨入社会时这个阶段，那么他们的应聘经历是否是曲折和坎坷的呢？下面我们可以来看看几位名人的应聘经过，相信他们的成功经验，会给求职者以有益的启示。

1. 史蒂文斯：败后致谢，疑无路时花又明

史蒂文斯以前是程序员，听说微软公司招程序员，他就信心十足地去应聘。面试时考官问的问题是关于软件未来发展方向方面的，这点他从来没有考虑过，故而惨遭淘汰。史蒂文斯觉得公司对软件业的理解令他受益匪浅，就给公司写了一封信表示感谢。这封信后来被送到总裁比尔·盖茨的手中。三个月后，该公司出现空缺，史蒂文斯收到了微软的录用通知书。十几年后，凭着出色的业绩，史蒂文斯当上了微软的副总裁。

求职面试能一次成功的实属少数。面对失败，如果对应聘单位或单位负责人心生怨言，不仅会显示出求职者心胸的狭窄，而且也于事无补；而如果摆正心态，虚心接受应聘单位的意见，以一颗感恩的心去面对应聘单位，则有可能为自己下一次的应聘赢取获胜的机会。

史蒂文斯在失败后就是不但没有埋怨公司淘汰了他，反而觉得公司对于软件业的理解让他获益匪浅，于是就给公司写了一封信表示感谢。他的这种行为，让公司总裁比尔·盖茨看到了他的良好心态——这一心态对从事任何工作都是大有裨益的，所以，当公司再次招人的时候，就首先想到他。史蒂文斯的求职道路，在一度"疑无路"之后，又"柳暗花明"起来。

2. 恰科：品性优良，于细微处显精神

法国"银行大王"恰科年轻时，先后52次到一家银行找董事长谋职。

当他最后一次被拒绝后失魂落魄地从银行走出来时，看见银行大门前的地上有一根大头针，便弯腰把它捡了起来。出乎意料的是，银行在第二天给他发来了录用通知——原来，恰科弯腰捡大头针的行为，被董事长看见了。

善于为他人着想可以使人际关系变得和谐，而精细小心则可使一个人将工作做得尽善美——这二者是任何一家单位都欣赏的精神品质。

于细微处显精神，恰科弯腰捡大头针的行为，凸显了他善为他人着想和精细小心的品质。董事长从他弯腰捡大头针的行为中，看出了他的道德修养和高度的责任感，看出了一名优秀员工应当具备的素质。恰科在求职路上"无心栽花花绽放"的事实说明，高尚的道德修养和优良的精神品质，可以帮助求职者获得理想的工作岗位。

3. 憨豆先生：急中生智，关键时刻亮奇招

憨豆先生在成名前，到英国一家著名的马戏团应聘滑稽演员。考官面试出的题目是当场让人捧腹大笑。憨豆又讲笑话又演哑剧，可考官没有一人露出一丝笑意。憨豆急了，亮出绝招，转身打开面试房间的门，对着外面其他等候面试的应聘者们大叫："喂，你们都可以回家吃饭了！他们已决定录用我了！"这时，已经憋了很久的考官们一下子大笑了起来。憨豆终于找到了一份可以发挥自己特长的工作，最终成为世界著名的滑稽大师。

急中生智能让求职者想出招聘方负责人欣赏的谋略，说出招聘方负责人欣赏的话，做出招聘方负责人欣赏的事情。

面对有着抵御逗笑心理准备的考官，憨豆先生亮出了常人难以想到的"奇招"，一句"你们都可以回家吃饭了！他们已决定录用我了"，让已经憋了很久的考官们得以展颜一笑，同时也让他们领略了应聘者的智慧。

由以上几位名人的求职经历我们可以看出，求职者只要能够鼓足勇气不轻言放弃、摆正心态不怨天尤人、提高修养不自私自利、思维敏捷不拘泥呆板、克服紧张、充满自信就迟早能在求职应聘中胜出。

Part8 好口才给你与同事的交往带来红利

　　现代社会已经无法单凭熟练的技能和辛勤的工作就能出人头地了，每个人都意识到了人际关系在职场中的重要性。虽然说才干加上加班也很重要，但懂得在关键时刻说适当的话，那也是成功与否的决定性因素。能运用巧妙的语言团结同事、协调关系，不仅能让你的工作加倍轻松，更能让你名利双收。

暖言暖语暖人心

工作后，大部时间被工作占用。与同事相处的时间甚至超过了与家人相处的时间，更谈不上抽太多的时间去会友和交友了。因此，与你同在一个单位，或者同一个办公室的同事，其实就成了你最好的朋友，你完全应该用心投入地把与同事间的关系搞好，争取让同事都成为你的知心朋友。即使工作中与同事产生了一些分歧，也不能否认自己与同事之间的密切关系。那么，在同事遇到困难时、情绪低落时，你是否会像安慰亲人般地及时送上一些温暖人心的话呢？

1. 遇到有困难的同事，要给予安慰和鼓励

当同事自己或者家中遇到困难或不幸，工作情绪非常低落时，往往最需要人的安慰和鼓励，也只有在此时同事才会对给他以安慰、鼓励和帮助的人感激不尽。这时，你不要不管不问，更无须手足无措，而是应该学会安慰和鼓励同事，表示出你的关切及协助的意愿，但也不要急于阻止他哭泣，给他一些时间来恢复平静。坐在他身边，拍拍肩膀、握握手都不失为最好的方法。让同事把心中的烦恼和痛苦诉说出来，帮助同事解决困难、分减痛苦。如果他拒绝说出原因，也不必强求。同事一旦把心中不顺心的事情说出来后，痛苦郁闷的感觉就会逐渐消失了，而你此时每一句话对同事来说不啻于是一种甜蜜，但千万不要贸然下断语或凭自己喜恶提供解决的方法。

2. 当遇到愤怒的同事，要冷静处之

如果同事在生你的气，其中必然有原因存在。姑且不论是否是你的错，千万不能以同样的情绪对待，那会使他的情绪进一步激化，进而更加愤怒。

不论生气的原因为何，既然对方已对你表示生气，你就绝对不宜置之不理或展开正面冲突。倘若事后对方恍然大悟，发觉你是无辜的，那么对于你的宽容和气度，必然会心悦诚服。

相反，倘若你采取一味辩白的态度，便无异于火上浇油，很可能导致事情演变到更难解决的地步。

若造成对方生气的原因，真是由于自己的错误，当然"解铃还须系铃人"，亲自谢罪是理所当然的。不过，在表示歉意时，要注意态度是否诚恳、事后补偿的处理是否妥善。你暖言暖语的歉意能让对方觉得满意，对方仍会对你的诚意与努力表示好感。

麦金利在就任美国总统时，有一次，他派某人担任税务官，但遭到了许多政客的反对，他们派出一些代表前往谒见总统。其中为首的是一位国会议员，他脾气暴躁，说起话来粗声粗气，一开口就给总统一顿难堪的讥骂。如果换了别人，也许早就暴跳如雷了，但麦金利极力克制自己，听如不闻，一言不发，任他骂得声嘶力竭，然后才用极温和的口气说："我想你现在的心情可以平和些了吧？照理，你是没有权力这样责问我为什么这么指派的。但是，现在我仍愿详细解释给你听……"这几句话把那位议员说得羞愧万分，但总统不等他道歉，便和颜悦色地把理由讲清楚了。其实不等总统解释，那位议员已经折服了，他私下悔恨自己不该用这样的态度对待总统。因此，当他回去报告结果时，他只摇摇头说："我记不清总统的全盘解释了，但有一点是可以负责报告的，那就是——总统没有错。"

事实上，"人非圣贤，孰能无过？"但是倘若能将过错作善后处理，还是能够化险为夷、转祸为福的。

尽管在犯错时会遭受同事的指责或怒骂，心里确定是不好受。但是，不妨反过来想：要是无人说你，岂不也表示无人关心你了吗？这样一来，反倒能够心平气和地接受指责，而没有不耐烦的表示，无形中，你便得到道歉的效果了。

3. 遇到不合作同事，要宽容待之

工作中同事之间有了不同意见，应以商量的口气婉转地提出自己的看法，尽量避免伤害他人自尊心的言辞。如果遇到不合作的同事，则要表现出你的宽容和修养。学会耐心倾听对方的意见，并对其合理部分表示赞同，这样不仅能使不合作者放弃对抗，也会开拓自己的思路。一位哲人说："人能成全他人，也能毁弃他人；互相帮助能使人奋发向上，互相抱怨会使人退步不前。"

有一次，美国总统门罗在白宫举行宴会，招待外国使节。法国外长德·寒胡赫尔伯爵坐在英国外交大臣查尔斯·沃恩爵士的对面。查尔斯·沃恩发现，自己每讲一句话，法国外长总要咬一下大拇指。沃恩越来越感到气愤。后来，他实在忍无可忍，便问德·寒胡赫尔：

"你是对我咬指头吗？先生？"

"是的。"伯爵傲气十足地回答。

说时迟那时快，两人拔剑各自冲向对方。

就在两位外长快要交手之际，门罗总统的剑已架在中间。其动作之快，使满座皆惊。一场恶斗就这样被制止了。

"门罗之剑"毕竟是有限的，同事之间最好要有自己的心灵之盾牌，那就是宽容铸就的尊重与理解。

无谓的争论除了会破坏同事之间的友谊外，毫无意义。这样偏执的、带有明显进攻性的争吵，就像毒气一样，吞噬着同事之间的友情。辩论双方因固执地坚持自己的观点而面红耳赤、难分胜负，往往为芝麻大的事钻牛角尖，结果两败俱伤。

现在的社会中，几乎每一位办公室人士都有机会与不好应付的同事打交道。绝大多数人与这种类型的同事往来时，心情都相当不轻松。如果可能的话，大家都想对他避而远之。但是，既然无可避免，最好的方法就是正视并面对这件事，并设法寻求解决之道。

若你正好与不好应付的同事碰面，保持一种君子之交的态度即可。当有意见不合时，切不可一味地指责对方或者表示不满。若对方事务繁多、无法配合，也要再安排时间或找他人帮忙；但若是纯粹不合作，则更需要多花时间沟通，寻求问题的症结及解决办法。但要时刻提醒自己退一步海阔天空，争取用充分的沟通来化敌为友。

心理学家说，人都是很自我的，比较关注自己的情绪，如果你对他的情绪波动表示关注，他会以最大的热情感激你的关注。所以，办公室里，不要对同事的情绪波动无动于衷，适当的时候、适当的地点送上你的暖言暖语，必定可温暖他人的心。

漂亮话助你行事通畅

现代社会已经无法单凭熟练的技能和辛勤的工作就能出人头地了，每个人都意识到了人际关系在职场中的重要性。虽然说才干加上超时加班也很重要，但懂得在关键时刻说适当的话，那也是成功与否的决定性因素。能运用巧妙的语言讨好重要人物避免麻烦，不仅能让你的工作加倍轻松，更能让你名利双收。

卢梭曾说过这样一句话："天底下只有一个办法可以影响别人，就是想到别人的需要，然后热情地帮助别人，满足他们的需要。"这句话用在职场当中也再合适不过了。

1. 学会成人之美

与同事的朝夕相处，也注定了我们要有很多事都需要沟通与合作。要真心对待同事也体现在褒和贬上。例如在单位举行的总结会上，当着领导和所有同事的面，你应该学会巧妙地利用发言的机会恰如其分地夸奖同事的特长和优点，帮他在群众中树立威信；再如，当同事想出了绝妙好计时，你也恨不能自己的脑筋动得比人家快，但你应该压制你的嫉妒，与其拉长脸暗自不爽，不如偷沾点光，趁着上司听得到的时刻说出你认同与赞美的话。那么在这个人人都想争着出头的社会里，一个不妒忌同事的部属，会让上司对你另眼相看。如果发现同事的缺点或者有什么不对的地方，应该在与他单独相处时，实事求是地指出他存在的不足和缺点，并帮助他一起来完善自己。因为你给了他足够的面子，在以后的工作中，他也一定会时刻记得你的好，尽他的最大所能帮助你、推荐你、重用你。

2. 用漂亮话避开你不知道的事

一天早上公司的会计突然问了我一个问题，她说她想知道书号中的各部分代表什么意思。

说实话，虽然从事图书行业有一年了，经我手出版的图书数量也不算太少，深知书号对图书的重要性，但我还真是没有考虑过她问的这个问题，一下就让她把我问住了。但转念一想，我怎么能不知道这个问题呢，于是回复她："你稍等，我过会儿给你答复。"

自己毕竟是负责编辑了这么多的图书，想弄清楚这个问题并不是很难，灵机一动，马上我就想到了书号各部分所代表的内容。ISBN当然是国际图书统一标记，第一个数字代表图书分类，比如是中文或英文书籍类等，第二组数字代表的是出版社，第三组数字代表的是书名，最后一个数字则是代表检核号码。若想知道更具体的分类，可以参看版权页上CIP中会有显示。

为了验证自己的判断，到网上搜索一下，"噢，yer！"没错，我是正确的。然后赶忙把会计叫过来，详细地给她讲解了书号中各部分都代表了什么，是如何得来的，给了她一个满意的答复。

领导或同事关心的问题，总有你没有涉及的领域，而当领导或同事刚好问到了你的盲区，你一时不知道该如何回答时，不能很草率地说："不知道。"而应该说："让我再认真地想一想，过会儿再答复你好吗？"这样的回答不仅暂时为你解了围，同时给领导或同事的感觉也是你在这件事上起码态度很认真，只是一时不知道该如何回答他而已。不过，事后你得补足功课，请求外援也好，请求别的同事也好，一定要设法弄懂弄清楚，给他们一个满意的答案，以防他们再问时依然一无所知。

3. 用漂亮话请求同事帮忙

在办公室里，每个人都有每个人的工作，有合作，但也有分工。合作的工作需要同事配合完成，这自不必说。但分工的事，也不见得自己就能完成，若自己碰到了困难，或者有个急事，难免会请求同事帮个忙。这时就需要动一下脑筋，用漂亮话来请求获得同事的帮助。因为谁不也想多完成一份工作，多出一份劳动。

小李接手了一件很棘手的工作，以他一人的力量根本无法独立完成，必须得找同事帮忙。他想找小陈帮助，因为小陈是这方面的高手，可是却不知道该如何开口。但仔细想想，只要诚恳地说出谦逊的话，同事也能理解，是不会拒绝的。

于是小李找到小陈说："小陈，我这儿有个计划，自己实在搞不定了，帮个忙吧！"小陈面露难色，"我这段时间也挺忙，你还是看看别人有空没有，比如，老赵！"小李说："小陈，这个计划没有你帮助，确实是不行啊！"小陈见小李态度诚恳、谦逊有礼，为了不负自己的好名声，就答应了小李的请求，帮他完成了工作计划。不过，求人办事之后，千万不要忘记答谢，否则以后就不会再有人愿意帮你的忙了。

得饶人处且饶人

有些人喜欢拿别人开玩笑，占人家的便宜，虽是玩笑，也绝不肯让自己吃亏；有些人喜欢争辩，有理争，没理也要争；有些人不论国家大事，还是日常生活的小事，一见对方有破绽，就死死抓住不放，非要让对方败下阵来不可；有些人对本来就争不清的问题，也想要争个水落石出，比如先有鸡还是先有蛋……

如果你是一位嘴巴不饶人的人，那么你在与同事交谈时，一定要学会克制自己，不能总想在嘴巴上占尽同事的便宜，否则时间长了，同事就会逐渐疏远你，那样就悔之晚矣。

第二次世界大战后，日本几乎是一片废墟，此时，吉田茂走马上任，在他七年的任期之内，为日本的战后建设立下汗马功劳。吉田茂最具特色的风格，是他浓厚的贵族意识，面临大事常常激发出一股"舍我其谁"的气魄，所以过分自负。1958年2月，日本国会进行当年度预算审议时，一位右派民社党议员西村荣一质询时首先发难："首相施政演说中对国际形势如此乐观，根据何在？"吉田答道："目前战争危机已远去，英国的丘吉尔首相，美国的艾森豪威尔总统也这样说过，我也这样认为。"西村荣一又咄咄逼人地说："我不要听英国首相或美国总统的意见。"吉田傲然回答："我是以日本首相的身份答询的。"这时他已经有些烦躁了，西村荣一却是寸步不让，再以言辞激怒他："你不要得意忘形！"吉田也回敬说："你不要口出狂言！"西村问："什么是狂言？"如此针锋相对，一来一往，吉田在情急之下，冒出一句"无礼者，马鹿野郎（浑蛋）"的骂人话。西村当然受不了，要求吉田茂收回刚才的怒骂，一时间，会场的气氛异常紧张。吉田茂总算识大体，强压住怒气，当场表示言语不妥当。

但西村荣一并不就此罢休，他抓住吉田茂的失误，乘胜追击，发动了"吉田首相惩罚动议"，随后在众议院竟然获得通过，这是日本政治史上第一次出现"惩罚"首相的临时动议，对吉田茂威信的打击之大，可想而知。12天之后，在野党乘机提出"内阁不信任案"，也获众议院通过。吉田茂只好随即解散了众议院，不久他就下台了。这就是有名的"马鹿野郎解散"事件，成为吉田茂政治生涯中的一大憾事。

从以上情形来看，吉田茂一时发怒而骂人实属失策。西村荣一别有用心，咄咄逼人，故意诱发对方发怒而失态。而吉田茂一时失控说出了骂人的话，正中了对方的圈套。但从心理上说吉田茂是想遏阻对方的攻势，捍卫自己的尊严，但用发怒骂人的方式却正是南辕北辙，适得其反，授敌以把柄，使自己处于被动的位置。因为失去理智的自尊，已不再具有它本身的庄严色彩了，而是转化为可悲的虚荣。

生活当中，遭到别人有意或无意的人身攻击时，人们会首先从良知上谴责那些很不光彩的攻击者。然后，当被攻击者大动肝火，采取报复行动，往往是以一种超过对方强度的粗暴方式来反击时，却常常成为众矢之的，也使自己在人们心目中的形象严重受损。吉田茂一系列噩运的来临，正是他控制不住自己、怒而发骂带来的恶果。

在职场中，对方在大庭广众之下，说些侮辱你人格或于你极为不利的话，最好的办法是理智地克制自己，不能以怒制怒，那样真是有失身份。"人有多大心胸，能做多大事"的话是有道理的。虽然不能提倡以德报怨之类的，但那些成功人士的说话技巧很值得学习和研究，为人处世过程中应该学他们之所长，能够高屋建瓴地看待问题，培养自己良好的职业情商。切不可一遭到伤害，就心生怨恨甚至伺机报复，无论对企业还是对同事，都应该大度些、豁达些，不可斤斤计较，更不能得理不饶人。即使你容易生气、眼睛里揉不得半粒沙子，那也不能沾火不着也冒烟，应该学会克制自己的情绪，避免失控，同时建立起自身对同事、企业的感情，努力培养对周围环境的好感，珍惜眼前的机遇，建立与企业共发展的思路，学会欣赏企业同事与领导的精华及优秀的地方，这样在同事眼里，你是平和近人的好同事；在领导眼里，你会是个优秀、忠诚、可靠的好员工，未来你一定会大有作为。

 # 用幽默语言与同事分享快乐

在工作的间隙，聊天就成为办公室的人打发时间的主要形式，聊天的范围虽然不受限制，但要注意说话的方式和话题的选择。比如幽默的语言不但可以使同事之间感到轻松快乐，而且在无形中创造了活泼的工作气氛，消除了因工作带来的紧张和疲劳，提高了工作效率，同时幽默也表现出了说话者的风度和素养。毛泽东、周恩来等人无论是国事活动中，还是在日常生活中，无论是在学者面前，还是在农民之中，论理道事总能寓庄于谐，风趣幽默，从而赢得听众的广泛敬重。

恩格斯曾经说过："幽默是具有智慧、教养和道德的优越感的表现。"幽默能表事理于机智，寓深刻于轻松，给周围的人以欢笑和愉快。幽默运用得当时，能为谈话锦上添花，让人轻松之余又深觉难忘。

其实，我们每个人都可以通过幽默、调侃来更轻松、更坦诚地与人相处。下面是一些常用的幽默招数，可以助你与同事相处更快乐。

1. 巧作类比

有些问题，正面的回答极易落入俗套，难以满足提问者的口味，聪明的回答者会漫不经心地似答非答，引对方入圈套，接着使出巧作类比的招数，占据主动，最后让对方折服，并轻松活跃周围的气氛。

一次，作家刘绍棠在某大学演讲时，对于学生提出的各种问题，他都作了坦率的解答。这时，一女学生递上一张纸条，上面写道："既然文学要真实地反映社会生活，那你为什么总唱赞歌，不唱悲歌呢？难道社会没有阴暗面吗？"读完这一尖锐的问题，刘绍棠想了一下，便问那位女生："你喜欢照相吗？"见女生直点头，刘绍棠反问道："你脸上有光滑漂亮的时候，也有长疮疤的时候，那你为什么不在脸上生疮疤的时候去照相呢？"这一问，引得周围的人都情不自禁地笑了。

2. 装傻充愣

装傻充愣是答非所问的一种，即回答别人问题时，利用语言的歧义和模糊性，故意错解对方的话，问东答西。这种说话方式在回答问题时，往往会出奇制胜，产生特别的幽默感。尤其是在办公室这种公共场所，遇到不想回答却不能沉默的问题时，装傻充愣既轻松了自己，又快乐了他人。

某人拿了一份文稿到报社要求发表，编辑看后说："这篇文章是你写的吗？"那人大言不惭地说："是的，每一句都是我写的。"编辑装作很认真地说："鲁迅先生，看到您我真高兴，还以为您已经死了很多年啦。"

面对抄袭鲁迅的文章且厚颜无耻者，若编辑直接指出："你这篇文章是抄鲁迅先生的，我们不能发表。"那就会显得很平淡。这位编辑对抄袭者所言看似疯话，实则幽默至极，对抄袭者从精神与人格上都进行了辛辣的挖苦，还体现了编辑个人极深的文化涵养。

3. 声东击西

在办公室里与同事相处，什么样的话题都有可能出现。在某些特定话题里，利用"声东击西"的技巧，把相同意思的话用不同的语言来表达，效果迥异。有时言在此而意在彼，确实令人回味无穷。

有一对夫妻，妻子非常喜欢唱歌，可是唱得特别难听。有时候搞得丈夫休息不好，丈夫多次劝说也无济于事。有一次已经到了深夜，妻子还在自得其乐地唱着难听的歌，丈夫只好急急忙忙地跑到大门口站着。妻子见此，不解地问道："我每次唱歌时，你干吗总是要跑出去站在门口呢？"丈夫把每个字都吐得非常清楚地说："我这样做是为了让邻居知道，我并没有打你。"

丈夫的回答，表面上看是答非所问，实际上是采用了一种声东击西的说话技巧。

在说话艺术中，幽默是通过运用意味深长的语言再现现实生活中喜剧性的特征和现象来传递某种特殊信息的一种表达技巧。生活中懂得风趣幽默的人，往往三言两语就妙趣横生，不仅使人忍俊不禁，而且能使人领悟到其中蕴含的智慧和哲理。

如果你需要在办公室里用幽默的口才来改善同事们的工作态度和工作气氛，你也可以用类似的妙语来表明自己的观点。

与同事聊天不能信口开河

办公室里，同事之间天天相处，闲聊是在所难免的，但也正是这看似无关紧要的闲聊，使得很多职场的人放松了自己，难免会信口开河，也正是这些原因，使得职场中的是是非非每天都发生着。所以，若你是个很有正义感的人，当忍不住要挺身而出"匡扶正义"时，你应该仔细考虑，认真思考，不能由着自己信口开河，惹事上身。

因为不管你是个什么样的人，你都得要和同事们日复一日年复一年地相处下去。这需要你掌握一些与同事说话的艺术，在同事之间塑造一种受欢迎和受欣赏的说话形象和风格，以便使身边的同事不至于小看你或者抓住你的某个话柄找你的麻烦。

1. 公私分明

自古就有公私分明之说，这是有一定道理的。不管你与同事的私人关系如何，如果涉及公事，你千万不可把你们的私交和公事混为一谈，否则你会把自己置于一种十分尴尬的境地。

李丽与公司另一部门的主管王静关系十分要好。有一天，王静突然过来找李丽。

李丽很奇怪，问："你来找我干什么？这可是工作时间。"

王静说道："李丽，我们部门现在有个计划，希望与某公司合作。但我在这个公司没有熟人，所以想请你帮忙啊？"

李丽一愣，王静继续说："我知道，你和某公司的公关经理很熟悉，你就做个中间人吧！帮我说几句话，事成之后，我不会亏待你的。"

李丽一听，感到很为难，想直接回绝，又怕王静不高兴。答应吧，但还不想把公事和私交混在一起。

于是，她对王静说："我是认识该公司的公关经理，不过，她这段时间在休假，我怕等她回来，你们的计划就给耽误了。"

王静一听就明白了。

其实，李丽的朋友并没有去休假，她只是不想把自己搅进去。自己与王静不是一个部门的，插手其他部门的事，怕自己的上司不高兴。再说，如果办不成的话，反倒影响了自己和王静的友谊。

如果你也遇到同事要求你伸出援助之手时，你可以打趣地说："其实这件事很简单，你一定可以应对自如的，被我的意见左右，可能不妙。"这番话是间接在提醒他：一个成功的人必须独立、自信。而且这样也不会损及大家的情谊。

2. 工作第一，友情第二

虽有人说"好朋友最好不要在工作上合作"，但缘分与机遇的事说不清，能碰巧在同一个单位里工作绝不稀奇。

如果一天，公司来了一位新同事，他不是别人，正是你的好友，而且他将会成为你的搭档。上司把他交给你，你首先要做的是向他介绍公司的架构、分工和其他制度。这时候，不宜跟他拍肩膀，以免惹来闲言闲语。

与好朋友搭档工作应该是一件好事。但在工作中，你们的友谊往往会面临各种各样的挑战。你与搭档的职级相同，但工作量却大大不同。人家可以"煲电话粥"，你却整天忙得不可开交。虽然你心情不佳，但切勿向搭档发脾气，因为你们日后并肩作战的机会还有很多，许多事还得唇齿相依的。

表面上，你的主要任务是做好分内的工作，对这位搭档要保持一贯的友善作风，但更重要的策略是向上司表态。上司不一定是偏心，有可能是对各项工作所需要时间不大了解而已，所以你有必要找他商谈，让他知道，每件工作所花的时间为多少，在一个工作日里可以做些什么，你的任务又是如何。只要讲你的困难，不要埋怨搭档相对闲着，对事不对人，才能让事情圆满解决。

3. 永远不说同事的坏话

与同事相处，要讲究分寸。话太少不行，人家会认为你不合群、孤僻、不善于交往；话多了也不行，容易让别人反感，而且也容易让别人误解，认定你是个乌鸦嘴。所以，说话一定要讲分寸，该说的一定要说，说得到位。不该说的一定不说，要恰到好处，适时打住。

还有就是，不管同事怎样冒犯你，或者你们之间产生什么矛盾，总之要"得饶人处且饶人"，多一句不如少一句，凡事能够让一点，日后你有什么不恰当的地方，同事也不会做得太过分，推你走向绝境。

"谁人背后无人说，谁人背后不说人。"这话虽然说得有些绝对，却也说明了一个道理，那就是，大多数人都多多少少地在背后说过别人，只是所说的是好话还是坏话无从考证了。不过有一点，经常在背后说别人坏话的人，肯定不会是受欢迎的人。因为凡是有点头脑的人，都会自然而然地这么想：这次你在我面前说别人的坏话，下次你就有可能在别人面前说我的坏话。这样一来，你在别人心中的印象中就不可能好到哪里去。

与同事的心灵产生共鸣

与同事之间的交流和沟通，说它难，就难在话说出去却不知道对方能否理解和接受；而说它容易也不假，只要你细心把握说话的套路和方法，架起通往他人心灵的桥，并引发感情的共鸣，许多问题都会迎刃而解。

在你尝试说服他人、对同事有所求的时候，这样的论点也同样适用。最好先避开对方的忌讳，从对方感兴趣的话题谈起，不要太早暴露自己的意图，让对方一步步地赞同你的想法，当对方跟着你走完一段路程时，便会不自觉地认同你的观点。

伽利略年轻时立下雄心壮志，要在科学研究方面有所成就，他希望得到父亲的支持和帮助。

一天，他问父亲："父亲，我想问您一件事，是什么促成您同母亲的婚事的？"

"我看上她了。"

伽利略又问："那您有没有娶过别的女人？"

"没有，孩子。家里的人要我娶一位富有的女士，可我只钟情你的母亲，她从前可是一位风姿绰约的姑娘。"

伽利略说："您说得一点也没错，她现在依然风韵犹存，您不曾娶过别的女人，因为您爱的是她。您知道，我现在也面临着同样的处境。除了科学以外，我不可能选择别的职业，因为我喜爱的正是科学。别的东西对我而言毫无用途，也毫无吸引力！难道要我去追求财富、追求荣誉？科学是我唯一的需要，我对它的爱有如对一位美貌女子的倾慕。"

父亲说："像倾慕女子那样？你怎么会这样说呢？"

伽利略说："一点也没错，亲爱的父亲，我已经18岁了。别的学生，哪怕是最穷的学生，都已经想到自己的婚事，可是我从没想过那方面的事。我不曾与人相爱，我想今后也不会。别的人都想寻求一位标致的姑娘作为终身伴侣，而我只愿与科学为伴。"

父亲始终没有说话，仔细地听着。

伽利略继续说："亲爱的父亲，您有才干，但没有力量，而我却能兼而有之。为什么您不能帮助我实现自己的愿望呢？我一定会成为一位杰出的学者，获得教授身份。我能够以此为生，而且比别人生活得更好。"

父亲为难地说："可我没有钱供你上学。"

"父亲，您听我说，很多穷学生都可以领取奖学金，这钱是公爵给的。我为什么不能领一份奖学金呢？您在佛罗伦萨有那么多朋友，您和他们的交情都不错，他们一定会尽力帮助您的。也许您能到宫廷去把事办妥，他们只需去问一问公爵的老师奥斯蒂罗·利希就行了，他了解我，知道我的能力……"

父亲被说动了："嘿，你说得有理，这是个好主意。"

伽利略抓住父亲的手，激动地说："我求求您，父亲，求您想个法子，尽力而为。我向您表示感激之情唯一的方式，就是……就是保证成为一个伟大的科学家……"

伽利略最终说动了父亲，他实现了自己的理想，成为了一位闻名世界的科学家。

这里，伽利略采用的是"心理共鸣"的沟通方法。这种说法一般可以分为以下四个阶段。

1．导入阶段：先顾左右而言他，引起对方的共鸣或兴趣。伽利略先请父亲回忆和母亲恋爱时的情况，引起了父亲的兴趣。

2．嫁接阶段：逐渐转移话题，引入正题。伽利略巧妙地通过这句话把话题转移到自己身上："我现在也面临着同样的处境……"

3．正题阶段：提出自己的建议和想法。伽利略提出"我只愿与科学为伴"，这正是他要说服父亲的主题。

4．结束阶段：明确提出对对方的要求，达到预定的目的。为了使对方容易接受，还可以指出对方这样做的好处。伽利略正是这样做的，他说："……为什么您不能帮助我实现自己的愿望呢？我一定会成为一位杰出的学者，获得教授身份。我能够以此为生，而且比别人生活得更好。"

就这样，伽利略终于达到了自己的目的，为最终实现自己的理想奠定了基础。

注意与同事闲谈的分寸

与同事说话要有分寸，分寸拿捏得好，很普通的一句话，也会平添几许分量，话少又精到，给人感觉深思熟虑。而说话的分寸决定于你谈话的对象、话题和语境等诸多因素的需要。换句话说，要言之有度。

有度的反面则是"失度"，什么叫作"失度"呢？一般说来，对人出言不逊，或当着众人之面揭人短处，或该说的没说，不该说的却都说了。这些都是"失度"的表现。下面我们就简要介绍一些在谈话中禁忌的话题，接触这些话题容易导致谈话"失度"，产生不良效果。

1. 谈论有争议性的话题

除非很清楚对方的立场，否则应避免谈到具有争论性的敏感话题，如宗教、政治、党派等易引起双方抬杠或对立僵持的话题。

2. 谈话涉及他人的隐私

涉及别人隐私的话题不要轻易接触，这里包括年龄、东西的价钱、薪酬等，容易引起他人反感。

3. 个人的不幸

不要和同事提起他所遭受的伤害，例如他离婚了或是家人去世等。当然，若是对方主动提起，则要表现出同情并听他诉说，但不要为了满足自己的好奇心而追问不休。

4. 讲一些不同品位的故事

一些有色的笑话，在房间内说可能很有趣，但在大庭广众之下说，效果就不好了，容易引起他人的尴尬和反感。

在人际交往中，谈话要有分寸，认清自己的身份，适当考虑措辞。哪些话该说，哪些话不该说，应该怎样说才能获得更好的交谈效果，是谈话应注意的。同时还要注意讲话尽量客观，实事求是，不夸大其词，不断章取义。讲话尽量真诚，要有善意，尽量不说刻薄挖苦别人的话，不说刺激伤害别人的话。

与同事在工作间隙闲谈，本来就是可有可无的内容，话题对、时间对，闲谈可以活跃工作气氛，减轻工作压力。但如果闲谈过度则会误事，而且会给同事留下你无所事事的印象，特别是领导更看不得自己的员工闲谈。再者同事之间的闲聊话题也是有度的，对方的个人爱好可以聊，对方的健康可以聊，新闻趣事可以聊，公司所取得的成就也可以聊，但敏感的问题就不能聊，而对于时间和时机也应该有更好的把握。那么，如果想避免同事中无意义的闲聊该怎么做呢？

1. 避免在繁忙中闲聊

你在繁忙工作或进行精心的设计制作，这时就不应受到他人打扰，尤其是闲聊，如电视、电影、精彩的小说或穿着、饮食等，都是可以引出无穷内容的话题。如果同事主动与你谈论什么，你最好能简明扼要地回答，不能寒暄，以尽快结束这种又臭又长的谈话。

2. 礼貌第一

当你正忙碌的时候，有同事来找你，你要尽快站起来和他打招呼，一则表现尊重别人，二则因为你保持站立姿势，或者手中拿着工作用品，等于告诉别人"我正忙着呢"，懂事的人能领会你的意思，谈完即走。如果对方仍意识不到这一点，你就不妨直接相告："嗯，我想，我们下次再专门抽时间聊吧。"这样做，仍然不失礼貌。即使关系再好的同事，也要礼貌第一。

3. 不要做引人注目的动作

不要盯着窗外思考问题，这样容易使人误以为你在走神，思想不集中，正好招惹人闲聊。不要用手指敲打桌面或者哼着什么小调，这样也可能激发别人对你的注意。明知有人想与你闲扯，当有人向你走近时，不可以抬头，只管做你原先在做的事，表示你正忙得很，同时也不引人注目。

职场中，要避免和摆脱同事之间的闲聊乃至干扰，可以充分运用一切办法，但要时刻注意两点：一是有效，二是礼貌。

Part9 好口才给你的领导工作带来红利

　　语言的力量能征服人心，好领导都是能征服人心的人，他们往往都有好口才，具备驾驭语言的高超能力，因为伶牙俐齿是领导者应该具备的有力武器。

好领导离不开好口才

　　语言的力量能征服世界上最复杂的东西——人心。好领导都是能征服人心的人，他们往往都有好口才，具备驾驭语言的高超能力，因为伶牙俐齿是领导者应该具备的有力武器。

　　如果你是一位博学多识、思想深邃的领导者，但无法把自己所思所想正确地表达出来，那你的真实才能往往也得不到展现，会影响到你管理决策的正确实施和有力贯彻。

　　如果谈吐上水平低，也会对你的领导形象产生不良影响，不利于威信的建立。你与上级会面时，你给他最直接的印象就是你的谈吐和外表。你在谈吐上的优劣表现很可能成为他是否会提升你的重要参考依据，这绝没有夸张。

　　如果你是一位领导，在言语表达上你不一定要成为一名优秀的演说家。但是，为了你的成功，你必须使自己向着一名标准演说家的方向努力。

　　这个要求很高，当你发现语言的众多重要性后，你就不会放弃在这方面的精力投入了。

　　一场惊心动魄的商战，由于你卓越的口才，胜利的天平便倾向了你；会议上，一段精彩绝伦的发言，语惊四座，大家对你的看法大加改变；婚礼庆典上，你几句热情洋溢、恰到好处的祝词，赢得众人的阵阵掌声……

　　运用自如的口才，可以帮助你团结下属、同事，获得上级的赏识、信任，直至取得事业的成功。良好的领导口才将使你受益匪浅。

　　作为领导，优秀的口才对于信息交流、情感沟通、建立广泛友好的人际关系，发挥着举足轻重的作用。

不善言辞表达的领导，也许你的口讷正在无形中影响着你自身的进步和发展。你切不可不以为意，自甘放弃语言表达能力的提高，做一名默默无语者。你的才华将被逐渐地埋没。

那么，从现在起，立刻开始锻炼你的口才，只要注意以下几个方面的说话艺术，就能磨炼出一副"铁嘴皮"。

1. 言简意赅

如果不是特殊需要，作为领导，讲话一定要言简意赅。会长话短说的领导，很容易得到下属的认可和喜爱。某君写了很多封应征信，填了很多很多张申请表，一一寄出，均如石沉大海。不料得着一张回邮的明信片，仅有"某时面谈"简简单单几个字，他一定终身忘不了这张短短的回邮。

2. 最后出场

"重点置之于后"的心理因素在中国最具有代表性。开会时，官阶愈高的人愈后到；舞台上角儿露脸，最后出场的角儿，便定是最重要、最顶尖儿的。其实说话也一样，愈将重点放在后面，愈能显出所说的话的重要性。

3. 说出个性语言

一般人都有自己的习惯用语，即口头禅。口头禅是人们常挂在嘴边的口头语，总是以这句话来介绍自己，来强调自己，使别人听来亲切自然，也为自己树立了一个独特的形象。

4. 幽默风趣

幽默的话，易于记忆，又能予人以深刻印象，正是自我标榜的商标，借此可以使人们记住你，并使你的话产生更大的力量。

5. 句子短些

短句子说起来轻松，听起来省力，吸引力也强。最好一句话一个意义，一句话的含义过于复杂，听者费力，交流就多了一层障碍。

6. 通俗易懂

选择什么线索来整理说话内容，可看需要而定。要注意通俗易懂，忌讳古词语、洋文、专业用语。至少要吐字清晰，语速适当。

7. 坚定自信

说话时要坚定而自信，眼睛正视对方，这样才显示你是充满自信和颇有能力的。若讲话时眼睛不敢正视，握手软弱无力，会使人觉得你意志薄弱，容易支配。

8. 姿态端正

开口说话时端正姿态，给听者留下一个好印象。与别人谈话时，身体稍往前倾，会让别人更容易接受你的意见。

9. 手势有力

作强调时运用手势，但不可指着别人的脸晃动手指。讲话慢而清晰，语言简短，等于告诉对方："我有能力控制一切。"

10. 关注听众

注意对方的眼睛。研究显示，一个人紧张，目光会游离不定，而且眨眼次数增加。注意对方的小动作，一个人可以做到喜怒哀乐不形于色，但他的小动作会透露他的心情。例如你在谈话时发现对方的腿在轻轻晃动，这表示他对你的话不以为意。

11. 扩大知识面

知识面越广，话的含量也会越丰富，也越能令你在各种场合充满自信地加入别人的谈话。

除此之外，你还要注意行动轻捷，笨手笨脚对你的形象损害最大。穿着上要整洁，避免刺眼的色彩和繁复的配饰，保持干净。并要注意身姿，含胸显得畏缩，昂首挺胸可以创造出你居于领导地位的形象。

所以，不要自卑于你天生嗓音不好，也不必羞耻于一时的拙嘴笨舌，更不要为自己进步缓慢而灰心。只要你锲而不舍、坚持不懈地在实践中努力，就一定会拥有优秀的口才，到那时，你会感觉如虎添翼。

与下属单独谈话讲技巧

同样是领导，同样是讲话，有的人讲话分量重，有的人讲话分量轻，这就是讲话方式所造成的差异。讲话的方式，对一个领导者而言，十分重要。尤其是作为领导，都会遇到与个别下属谈话的机会，那时就更显得口才的重要性了。

有的人很会"谈话"，不管什么人，也不管多么复杂的问题，经他一谈就迎刃而解；有的人却不会谈话，甚至一谈就崩，原本并不复杂的问题，经他一谈反而复杂了。

这说明个别谈话其实并不简单。不同的谈话对象和不同性质的谈话，在语言运用上应该有所不同。谈话对象个体之间的差别是很大的，不同的出身和经历，不同的文化程度和性格，不同的年龄和性别等，都有不同的心态，而且影响着对外部事物的接受和理解。

人的口味千差万别，爱吃萝卜的不一定爱吃梨。一般地讲，知识分子理性观念较多，谈话时道理应讲得深，言辞文雅并注意逻辑性；文化水平较低的人理性观念相对少些，谈话时讲道理应深入浅出，并注意多讲些实实在在的事；性格开朗的人，喜欢快言快语，不喜欢拐弯抹角，与其谈话可以开门见山，直截了当；性格内向的人，往往思想含蓄而深沉，与其谈话不能过于直率；年纪大的人阅历丰富，与其谈话切忌说教；年轻人阅历浅，有的涉世不深，谈话时就应该多讲些道理。谈话内容不同，谈话的方法要有区别。

1. 表扬的话如何谈

好话好听，却未必好说，要艺术地说出表扬的话，难度是相当大的，但有一些基本的原则却值得揣摩和借鉴：

首先，实事求是，措辞适当。下级在工作中完成了目标，取得了成就，当然应给予适当的肯定和表扬，但如何把握其中的度，则应予以考虑。如果不适当地高估下属的成绩，人为地赋予成绩本身不具有的意义，乃至流于庸俗地捧场，那就会产生一系列负面作用：会使受肯定和赞扬的下级产生盲目自我陶醉的情绪，自以为自己的成就真的具有那么高的意义和价值，损害了励精图治的开拓意图；会使其他下级产生不满情绪，对于人为树立起来的名不副实的样板，同事们会从不服气到猜忌，进而产生厌恶感，不仅不能起到示范作用，反而影响下属之间的团结；会使下级中间滋生不务实、图虚名的不健康风气，当下级看到小有成就也可得到极高的赞扬，便会动摇脚踏实地、孜孜以求的信心，难免产生浮夸、造假、沽名钓誉、邀功讨赏，心态从而使本来作为一种激励手段的表扬异化为下级心目中的目的，其本来的意义被极大地扭曲。因此，肯定和表扬下级的语言，决不可套用滥调，任意拔高，"惟陈言之务去"应当是一条基本要求。

其次，真诚恳切，具体深入。美国著名心理学家威廉·詹姆士说："人类本性上最深的企图之一是希望被赞美、钦佩、尊重。"渴望被肯定是每一个人内心中的一个基本愿望。所以，当我们生活在社会当中，要想在自己身边形成一种善意和谐的气氛，就应当去努力寻找别人的价值，并设法告诉对方，这也正是肯定别人的意义所在。适时适当地表扬下级，也正是基于这样的目的。值得重视的是，这种赞美和表扬只有是发自肺腑的情真意切之词，才能发挥出最大的效力。虚伪与委婉，不着边际地套用一些溢美之词，难免产生负面作用。

再次，全面分析，扬长论短。老子云："声一无听，色一无文。"下属取得了成绩固然可喜可贺，但单一地强调成绩往往不能起到增进认识的作用，而且还有可能滋生下属的骄傲自满情绪。事实上，正如瑕瑜互见的道理一样，任何长处都与某种短处相连，绝对的肯定和绝对的否定一样都是有害的。领导越是在常人不易察觉之处，独具慧眼地发现下属的长中之短，那么领导的威信和可信赖度就越高。而在表扬的同时给予适当的意见，既会使下属在心理上更容易接受，又使赞扬的话语显得刚柔并济。

最后，注意技巧，方式多样。任何一种表达方式，如果千篇一律毫无变化，或者过于直接，往往产生负面作用。赞扬也是一样，不能永远都是"你干得不错"这类的陈词滥调。有时候同一种意思换个表达方式，往往会产生完全不同的效果。

对比性的赞扬。就是把赞扬对象和其他对象比较，以突出其优点。这种方法能给人一种很具体的感觉。"有比较才有鉴别"，正说明了这个道理。但也正因为如此，从另外一个角度看，它会产生一个负面影响——容易引起人际关系的矛盾，所以在比较时，就不应用贬低来代替赞美。

断语性的赞扬。就是给被赞扬者一个总结性的良好评价，语气要以肯定判断的形式表示。实际上，对别人的工作进行肯定就是一种赞扬。但是由于这种赞扬是较为全面的、总结性的评价，所以容易抽象，而且领导者也会给人一种高高在上的感觉，因此一般要与其他方法结合使用。

感受性的赞扬。就是领导者就某一点表示自己的良好感受。因为他陈述的只是赞扬的感受，不受其他条件的限制，所以这种形式能充分发挥出赞扬的优势。实施这种赞扬有两个步骤：一是把被赞扬者值得肯定的优点"挑出来"；二是让被赞扬者知道你对他的优点很满意。这样，赞扬的作用就自然而生，而且令人信服。

2. 批评的艺术

与赞扬下级时一样，如何把批评的话说得有水平，既达到效果又避免矛盾的激化，就是我们所要面对的问题。

首先，切忌恶语伤人。无论任何团体，当员工犯下不可原谅的错误时，作为领导无可避免地要对其加以斥责。但是每个人都有自尊心，批评应是在平等的基础上进行的，态度上的严厉不等于言语上的恶毒，切记只有无能的领导才去揭人疮疤。因为这种做法除了勾起一些不愉快的回忆，让被批评者寒心外，旁观的人也一定会不舒服。

其次，切忌捕风捉影。上级批评下级，责任要分清，事实要准确，原因要查明。从实际出发，弄清事情的本来面目，找出问题的原因，恰当地分清责任。这样的批评有理有据，既不夸大又不失察，下级当然口服心服了。所以，上级批评和否定下级，必须以事实为依据，以政策为准绳，不能随心所欲，更不能以感情代替原则。这就要求领导者必须心胸豁达，最忌讳神经过敏、疑神疑鬼、听信流言、无中生有。

3．切忌喋喋不休

批评的质量与其数量之间，并不存在正比的关系，有效的批评往往能一针见血地指出问题的实质，使下属心悦诚服，而絮絮叨叨的指责却会增加下属的逆反心理，而且即使他能接受，也会因为你缺乏重点的语言而抓不住错误的症结。

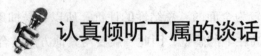

认真倾听下属的谈话

曾经有人这样说："上帝赐给我们两只耳朵和一张嘴，就是要我们多听少说。"这种说法固然幽默得近乎牵强，但结论却是千真万确的。保罗·蓝金曾就各行业的主管在沟通方面所花的时间进行广泛的分析研究，发现主管人员有70%的时间用在沟通上。在沟通时间中，45%用于听，11%用于读，14%用于写。这说明听在沟通中占有极其重要的地位。

实际工作中，有些人喜欢说在口上，做起事来却拖拖拉拉；有些人虽然说得少，工作却如老黄牛；有些人又是喜欢溜须拍马，投机钻营……作为一个领导，倾听部下的谈话是非常重要的。可以说，不会倾听部下谈话的领导，是完全不称职的。

通过倾听，可以了解到许多下情。闭目塞听，只能使你成为孤家寡人，同时也会使你的工作脱离实际。

工作的积极性来源于物质和精神的满足。如今生活水平普遍提高，物质满足已基本不是问题。员工期待解决的是怎样实现自己的精神满足。

领导的赞扬是员工精神满足的重要方面，对员工的激励作用非常强大。问题是作为领导的你，你知道该称赞哪个员工？这个员工需要什么样的称赞吗？倾听部下的谈话，可以帮助你解答这个问题。

1. 攻心为上

做领导容易，做好领导并不容易，特别是做一个受下级尊敬、爱戴并信任的领导就更不容易了。领导和部下之间，因为职位的不同，而导致了地位的不同，但地位不同并不代表着你们的人格有差别。摆正自己与部下的位置，把部下视为良朋知己，而不是奴仆。放下架子，善于听取部下的意见，善于接受人家正确的批评，做一个平民领导，就能消除部下隐藏心底的防线，获取对方的尊敬和信任。

办公室新来了一个小伙，此人文静秀气，少言寡语，只知埋头默默地工作，很少与人来往。其他同事见他这样，也对他很冷淡。长此下去，对他办公室的工作都不利。

怎么办？办公室主任看在眼里，急在心头。

找机会跟他聊聊吧？好主意！

没几天恰好有人过生日，在办公室主任的授意下，几个同事软磨硬缠把他拖了去。席间主任让他坐在自己旁边，酒过三巡，大家都微有醉意，气氛有些热烈起来。谈论的话题慢慢地转到这位新人身上。接着主任话锋一转，点出他过于沉闷了，应该活跃一些，跟同事们多多接触，搞好关系，因为团结就是力量嘛。他听了神色黯淡下来。

过了一会儿，他悄悄地对主任说："主任，不是我不想活跃一些，只是我心里苦啊！"

好，有戏。主任用眼神鼓励他说下去。

"在转来前的一家公司，和我相恋了三年的女朋友竟然跟我们公司一个有钱的帅哥跑了。我恨透了他们，恨她薄情寡义，恨他那种平时跟你称兄道弟，谁知却对你不仁不义的小人。我现在心都冷了，过一天算一天吧。"

找到病因就好办。你先肯定了他愤世嫉俗是作为一个正直人应有的行为。然后主任又开导他人应向前看，从好处想，世上并不都是坏人，再说像那种无情无义的人离开了也不可惜。

从那次生日派对以后，那个新人慢慢地开朗起来，对人也热情了。

所以，当领导的你如果以为自己职位高一些，就只会对部下发号施令，指手画脚，这只能割离了你和部下的关系，使部下离心。相反，与部下打成一片，则更显你作为领导的风度。倾听他们的谈话，了解他们的性格，满足他们的需要，赞扬他们的优点，就会使你工作起来得心应手。

2. 恩威并用

领导都有自己的威严，威严是职位形成的。同时，平日的批评、命令也表现了你威严的一面。但是只有威严的领导是不全面的，对于开展工作也不利。因为对这样的领导，员工一般是敬而远之。如果一个领导想赢得员工尊敬的同时，还想令对方信任的话，"恩"是必不可少的。可以说，赞美就是一种"恩"，了解下属的疾苦，关心他们的生活，也是"恩"的表现。

和蔼地、诚恳地倾听部下的谈话，聆听他们的喜怒哀乐，将会使他们心悦诚服地服从你的领导。倾听中你了解到了他们的喜好，明白了他们的特长或特点，你就能做到知人善任，胸有成竹。

用威严暗示他们你的职责所在，而用你的关心告诉他们你对部下的尊重与重视。

美国电话巨头福拉多被称为"十万人的好友"，他和下属有着非常好的关系，下面是一个有关他对员工"施恩"的例子。

福拉多从街中心的地下管道中钻了出来，在这寒冬的深夜，行人稀少，他的行为使人联想到电影中罪犯借地下管道潜逃的场面。旁边刚好有一个警察，便上前去盘问他。走近一看，才发现竟是"电话大王"福拉多。原来福拉多听说有两个工人在地下管道内紧急施工，便前来表示慰问，并且听取了他们的一些意见，决定提高这种条件下的加

160

班费。

日本管理大师松下先生认为，平时应以温和商讨的方式引导部下自觉地做事。无论用人还是教人，都要一手执剑，另一手却温如慈母，做到宽严得体，才能得到部下的尊敬。

 # 真诚赞美赢得下属的通力合作

赞美必须真诚。真诚是人与人之间顺利交往的基础，真诚是实现融洽交际气氛的关键。上级在不了解下级的情况下，只能讲些缺乏感情的公式化语言，这是很难打动人心的。而事实上，绝大多数人认为下属经常对领导溜须拍马、真诚赞美是天经地义的事；让领导拍下属的"马屁"，多说赞美下级的话就有点儿让人难以接受了。其实，出于把单位搞好的目的，领导对下属多加赞美，甚至奉承也是在理的。例如，有一件任务是领导者和其他任何下属所做不来的，要做成此事，只有一位下属有可能。那么，做领导的就应该积极主动地走过去，对这位下属多作鼓励，多加赞美和肯定。但领导说出的赞美之词应该是人们希望得到的赞美，这些赞美应该能真正表明他们的价值。就是说，人们希望你的赞美是你真正把他们当成值得赞美的人而花费了精力去思考才得出的结论。

常言道："恭维不蚀本，舌头打个滚。"要笼络下属，赞美是一件轻巧实用的武器，又用不着你掏腰包，何乐而不为呢？但真诚地赞美他人要有一定的前提条件，失去了前提，真诚就带有了虚假成分，久而久之，只会让人认为你没有能力，一味地依赖下属，下属对你也就失去了信心。失去威信和信任感的领导，也做不长领导了，这是必然规律。

言之有物的赞美能真正露出对方的心血、精力之所在。对一位下属如果只说他很能干，还不如说某件具体事他办得很漂亮更实惠一些。一位工作有成就的人，听到的恭维话自然很多，你再泛泛地赞美他的能力，好似把一杯水倒入大海，毫无影响。如果你对他的工作确有了解，或者你作为外行能了解他的工作性质、意义，那么这种称赞的效果就会强烈得多。

黄宗英采访柑橘专家曾勉时，以一个外行的身份谈到她了解到老专家的"枝序修剪法"与众不同，这样一来老专家知道对方是真诚地敬重自己，居然了解到自己的具体专业成就，也就沟通了感情。

赞美的动机要纯。生活中往往会出现这样的情况，因赞美者动机不纯，使措辞失去了作用。就像人们深恶痛绝的阿谀奉承之类，一般明智的人总是很警觉"胡乱吹捧"，尤其是赞美者希望通过赞美得到好处，听者的防范大多很明显。

赞美下属不可频繁。一个人如果一个月之内受到多次表扬，也许会使他产生自满的心理，总认为自己是不错的。一旦缺乏压力，人就会自满、懒惰、不思进取，容易犯错误或做错事。

精明的领导都应该巧妙、合理地运用表扬这一调动下级积极性的武器，指挥有方，随机应变。但该批评时也要尽管批评，这样才能显示出互相之间的关爱。因为关爱不是恩宠，更不是虚伪，而是一种发自内心的体贴。对于下属，既予以真诚的赞美，又施以体贴的责备，这才是具有说服能力的管理人员。

再者领导还可以从日常细节入手，下属穿了一件新衣服，你第一次遇上他，可以摆出欣赏的神色，兴高采烈地赞扬：

"这件汗衫很衬你啊！

"噢，打扮得叫人眼前一亮哩！"

"嗯，今天这样漂亮，有喜事呀？"

"你真有眼光，这衣服太帅了！"

有人穿了新鞋、烫了头发，甚至背了个新包，你也可以套用以上的赞词。不过记着，必须在第一次见面时就说，否则就流于虚假和公式化。

除了打扮，请多注意下属的工作表现。某下属刚好成功地完成了某项任务或者顺利出差回来，别忘了恭贺人家，说：

"你真棒，难怪老总器重你！"

"你的干劲实在值得我们学习！"

"旗开得胜，下一个任务又是你的囊中物了！"

一般人总爱听赞美话，聪明的你就不妨大方一点，多赞美别人吧！"这个意见不错，就这样做吧！""真棒，你给我提供了一个好办法！"这样，适当的时候，运用恰当的话表扬和激励下属，适当的时候，掌握批评的分寸，恩威并用，你的下属会更努力地为你效劳。

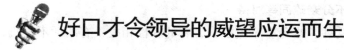 好口才令领导的威望应运而生

一项调查显示，被列举的各类受尊重和有威望的领导中，和蔼可亲、平易近人是共同的特点，被接受调查的人，百分之百持这种看法。坦率真诚，向下级善意地表示接近的良好愿望，使下级感到受尊重、被重视，不仅会激发被领导者的积极性，还可以使大家对领导的思想修养、工作作风、领导意图有所了解，下级对上级习惯性的心理距离由此逐渐缩小，领导的威望自然应运而生。

1. 给下级最大的礼遇

谁都希望自己的价值被认识肯定，才干得以发挥。知人善用，任人唯贤，了解下属的长处与弱点、爱好和脾性，不求全责备，用其所长，略其所短，充分发挥他们的聪明才智，是领导者对被领导者的最大礼遇。

2. 关心下属也是修养

领导者对下属的关心，不能仅仅看成是工作方法。关心他人与否能反映一个领导者的道德、情感、修养。优秀的领导者即使工作再忙，也会抽出时间来与被领导者聊聊天，了解大家的生活情况、思想情绪、遇到的实际困难，必要时给予帮助；自己的工作、生活有哪些忧愁烦恼、收获快乐，也不妨吐露，使别人了解。即便是无目的的闲谈，也可表示与下级融

为一体的意愿，从而使上下级之间的心理距离缩短，下级会把上级当作朋友来信任，相处起来便无多少隔阂。

3．会表扬更要会批评

褒贬一个人，极易引起对方思想和情绪上的波动，而这种反应依褒贬者的方式方法和被褒贬者的荣辱观及当时的情境不同，会产生不同的效果。恰当的表扬与批评，引起的心理反应将是积极的。一般来说，表扬会强化人的积极行为，批评会强化人的消极行为，表扬与批评的动机不纯或方法不当，效果可能会与愿望相反。

4．不分亲疏同等对待

个人交往，难免有亲疏之分，有的脾性相投，有的话不投机，但将私交中的亲疏关系掺进上下级关系中，就会破坏上下级关系。作为领导者，一方面代表他个人，一方面又代表一定的权力机构，在上下级关系中也表现出亲疏，就会有失公正，伤害一部分人。无论下级与自己个人感情亲近与否，私人和工作中的关系怎样，是否反对自己，都要在工作上给予一样的支持，生活上给予一样的关心。有些领导喜欢迎合讨好者，讨厌爱提意见者，殊不知，前者往往抱有个人目的而非出于对领导的尊重，后者则大多出于公心想帮领导者把大家的事办好，当然，不一定非对前者严加斥责，但委婉地给予回绝则很必要。

5．给下级一种安全感

工作时胆战心惊，唯恐哪一天触犯领导，或者有了错误承担不该承担的责任，被这种心态笼罩的下级，工作积极性不会很高，上下级之间的人际关系也不会融洽。

当下属在工作中遇到挫折失败，特别是这种挫折失败是由客观原因造成时，领导者应勇于承担责任。将责任全部推给下级，甚至自己的责任也找"替罪羊"，这样的领导会失去群众，谁也不会愿意在他的手下干事。对顶撞过自己，反对过自己，甚至犯过错误的下级怀恨在心，或者嫌弃、给小鞋穿，有失领导者的风度，也会给下级造成不安全感。宽容、谅解，体现了一个人的高度修养，也有利于取得信任、尊重。若能虚心听取下级意见，重视采纳合理的建议，对不尽正确的意见也抱欢迎态度，会增进上下级之间的了解，消除隔阂，增加领导威望。

做个面带微笑的好领导

当一张笑脸摆在下属和同级的面前时，他们几乎很快就把它判定为友好的表示，除非背景极其复杂，否则决不会去仔细揣摩，反复研究，这轻而易举的一笑，立即就使两者之间的关系接近了许多，体现了人与人之间融洽的关系。

大多数领导者平时总喜欢面带微笑，这种面部表情告诉人们："来吧，我是朋友。"当然，由于性格的差异或其他原因，有的领导者却总是表情严肃，不苟言笑，比如夏尔、戴高乐。尼采认为，由于发笑是使人们能够容忍生活磨难的唯一途径，所以人们才笑。我们的生活需要笑容，我们的工作也需要笑容，前者是为了自己的健康，后者是为了满足别人的希望。当你在会议上、汇报中或与下属谈心时，用自己的笑容向对方暗示或者传递一个细小的意向，当对方心领神会之际，一定会从内心中发出满意的笑容。

但是，仅仅注意到笑的作用是不够的，还应当做到两点：一是要真笑，而不是假笑；二是把握好笑的时机和方式。

就第一点而言，笑有真有假，真笑几乎不受控制，而假笑则是一种装出来的表情。有研究表明：真笑的第一个表情特征是嘴唇迅速咧开，第二个特征是在笑达到高潮以后，紧接着短暂而迅速地眨一下眼睛。那些"来得快、去得快"的笑，并不容易引起对方的满足，因而也是不成功的运用。所以如果不是真的从心里往外压抑不住的高兴就不要笑，这并不意味着你必须愁眉苦脸地工作，就好像全世界的重担都压在你的肩膀上似的。

应该准确地说，如果你不是由衷地感到满足，就不要喜形于色。领导者也应该在笑之前想想这一点，否则将产生适得其反的效果，这绝不是我们所期望的。

第二个问题更为重要。笑的时机要恰当，要注意选择笑的时机、场合、话题。该笑的时候笑，不该笑的时候就不能笑。在欢庆的场合，在轻松的气氛中，在诚恳坦率的交谈中，应该笑；但在谈起不见好转的病情，同去世者的家属谈话，谈起工作中的重大失误和损失时就不能面带笑容。有些人平时随便惯了，以至遇到参加单位同志追悼会的场合，在给烈士扫墓的时候，在瞻仰领袖遗容的时候，还在嘻嘻哈哈、说说笑笑，这就显得很不恰当。其次，要掌握笑的分寸。在日常生活谈话中，笑容主要是根据与交谈者的关系，谈话的内容以及谈话者的性格、习惯等自然体现出来的。

笑的方式很多，可取的有微笑、轻笑、大笑等。微笑是一种不露齿的笑容；轻笑表现为上齿露出，嘴已微微张开；大笑则表现为嘴已张成弧形，上下牙齿都可看见。

领导者在工作谈话中，一般要以微笑作为基调，微笑是一种恰到好处的可控性的笑容，它使人觉得和蔼、可亲、文明，是仪表的一个构成要素。微笑时面部肌肉容易控制，可以较长时间地维持笑容。笑的时候应该自然大方，得体适度。那种咧嘴龇牙的笑、嘻嘻逢迎的笑、挤眉弄眼的笑、忸忸怩怩的笑，都会给人一种不愉快的感觉，不良的印象。因此，笑容也反映了一个人的文化修养水平。领导者需要不断提高文化情操的修养，使笑容反映出美好的心灵。只有发自内心的笑才能感染对方，产生呼应。嘲笑、冷笑、幸灾乐祸的笑都是应该尽量避免的。

微笑是通过不出声的笑来传递信息的。微笑作为一种表情，不仅是形象的外在表现，也是人的内在精神的反映。因而领导者要善于使用微笑，就要注意微笑的主要功能：微笑能强化人有声语言沟通的功能，增强交际效果；微笑还能与其他体态语相结合，代替有声语言的沟通。如在接见很多宾客时，只要边微笑边招手，也具有"欢迎您光临"的功效，同样会使客人感到热情、有礼。在交谈中，遇到不易接受的事情，边微笑边摇头，委婉谢绝，不会使人感到难堪。

Part10 好口才给你的职场升迁带来红利

　　你和你的上司是"一根绳上的蚂蚱"，你们要想成功就得同舟共济。只有你们的工作关系富有成效，信息传递畅通，沟通有效，才能使你们双方都获益多多，领导才会更器重你、提拔你。

不与上司沟通，谁晋升你

　　以往，人与人之间传递信息的方式比较少，仅限于面对面的口头交流，或者远距离的书信往来。但现在人与人之间传递信息已经不单单是这些了，尤其是工作之所用。比如，网络沟通有MSN、QQ、E-mail，还有电话、短信、留言、传真等。这些传递信息的方式有一定的优越性，同时也有一定的弊端，那就是传达信息也可能有滞后性，不能得知对方是否及时地收到了相关的信息。无论使用以上何种方式，在工作上都必须确认其有效性和及时性。否则，可能会收到你意想不到的坏处。

　　如果说有这么多传递信息的沟通方式都不正确地利用，那么谁又能晋升你呢？

　　现在一家美资公司做行政主管的曹谦对此深有体会：公司要召开经理级会议，老板让她拟好会议日程和安排，然后下发到每位参会者手中。曹谦很快做完了这件事，并把提纲发到老板的私人信箱里。临近开会前两天，老板很不满意地问她为什么还没有看到她的计划，曹谦说三天前就传到您的邮箱了。老板说那几天他正好和客户谈合同，很忙，所以也没看电子邮件，于是提醒曹谦以后要注意，重要的事情应该再打个电话追问一下。后来，曹谦在给他的一份报告里又出了两处错误，就这样她给老板留下了粗心的印象。

　　"千万别假定自己所寄发的信或传真、邮件已被对方收到；更不能对书面传达的信息不加以核对便交给收件人。"这是曹谦的教训。如果想要改变上司对她的看法，相信还需要一段时间，那么，曹谦近期恐怕不会得到什么提升了。

　　"和你的上司搞好关系"永远是职场人必须熟记的生存守则。提职也好，加薪也罢，你的前途和命运有绝大部分的"股份"握在上司的手里。所以，同上司的沟通是关系到升职计划能否成功的关键。既然有这么多种人与人之间沟通或传递信息的方式，只要加以充分利用，一定可以让上司更及时地看到你的工作成果，让上司更快速地了解你取得的成就。

1. 沟则通，不通则痛

之所以说与上司的"沟通"很重要，是因为通过沟通才能使你的上司了解你的工作作风、确认你的应变与决策能力、理解你的处境、知道你的工作计划、接受你的建议，这些反馈到他那里的资讯，让他能对你有个比较客观的评价，并成为你日后能否提升的考核依据。

同事之间的勾心斗角、与领导相处的艺术、办公室政治……职场上的竞争越来越不只体现在学历背景和工作能力上，"办公室情商"的高低眼下已成为困扰白领职场晋升的一大难题。有人说："经常都不知道自己哪句话说错了，领导的脸马上就阴了。"还有越来越多的白领抱怨，每天超过一半的工作时间都用在了"上上下下的沟通上"，几乎没有更多的时间来照顾自己的本职专业或业余爱好。但有时候沟通得不好，反而好事变成坏事，本来十拿九稳的升职到头来鸡飞蛋打。

"一半的时间用来沟通"并不意味着你的沟通是"有效的"，要有效地沟通才能促进团队合作、个人的职业发展。职业发展到一定阶段，白领的发展瓶颈就集结在人际沟通上。由于与上司或同事的沟通不畅，导致业绩不佳或人际关系紧张的事件非常多。

2. 学会沟通，与上司成为"好伙伴"

金子掉在灰堆里，未必能闪光。一个有能力的公司普通职员，要在鱼贯而入的高级写字楼的人群中脱颖而出，要在那么多表情相似的"精英分子"中独树一帜，让上司的目光越过众人和高高的隔断板落在自己的身上，这不是简简单单的邀宠能达到的。对事业上的可塑之才而言，这是迈向成功的第一步。

在我们的工作中，有许多过失或不完美都是源于对沟通技巧的掌握程度。比如，由于对上司的指令没有及时反应，或不能迅速贯彻他的意图，从而让他记住你，这就会影响到你在他心目中的形象。假如老板说："这份合同利润太低，我们不做了。"你可能会因为前期投入较大的精力而对这种放弃的决策心存异议，甚至因为你没有及时通知你的下属终止这份合同，从而使一切按照你所原定的计划和步骤进行了，那么，在这种情况下，请想一想，如果你是老板，会怎样看待这样的下属，你会对违背你命令的人委以重任吗？所以，如果你不能通过沟通让上司采纳你的建议，那就一定要把上司的决定在第一时间传达给有关人员并执行。经验告诉我们，良好的沟通秘诀是仔细地思考、计划和定期检讨，以期能建立良好的习惯，而良好的习惯是一个优秀的管理者必须具备的素质之一。

你和你的上司是"一根绳上的蚂蚱"，你们要想成功就得同舟共济。只有你们的工作关系富有成效，信息传递畅通，沟通有效，才能使你们双方都获益多多，领导才会更器重你、提拔你。

用得体的语言与上司交流

与上司说话，不是难在有礼，而是难在得体。想在职场上出人头地，才干加上加班固然很重要，但懂得在关键时刻说得体的话，也是成功与否的决定性因素。卓越的说话技巧能避免麻烦事落到自己身上，不仅能让你的工作生涯加倍轻松，更能让你名利双收。

大多数人对于上司都是非常尊重的，因此，在与上司说话时，都是很讲文明礼貌的。可以说，做到这一点不论对哪一个人来说都是很容易的。但在上司面前说出的话是否得体，是否把握了分寸，是否恰到好处，这就不是任何人都能轻易做得到的了。

那么，要想用得体的语言与上司进行良好的沟通，主要应该注意什么呢？

1. 不媚不俗，不卑不亢

与上司相处首先要做到有礼貌、谦逊，但是，绝不要采取"低三下四"的态度。绝大多数有见识的上司，对那种一味奉承、随声附和的人，是不会予以重视的。在保持独立人格的前提下，你应采取不卑不亢的态度。在必要的场合，你也不必害怕表达自己的不同观点，只要你是从工作出发，摆事实，讲道理，上司一般是会予以考虑的。

2. 主动和上司打招呼、交谈

作为下属，积极主动地与上司交谈，能够渐渐地消除彼此间可能存在的隔阂，并使得自己与上级关系相处得正常、融洽。当然，这与"巴结"上司不能相提并论，因为工作上的讨论与打招呼是不可缺少的，这不但能消除对上司的恐惧感，而且也能使自己的人际关系圆满，工作顺利。

3. 尽量适应上司的语言习惯

应该了解上司的性格、爱好、语言习惯，如有些人性格爽快、干脆，有些人沉默寡言。有的上司有一种统治欲和控制欲，任何敢于侵犯其权威地位的行为都会受到报复，还有的上司会有一些与常人不同的习惯，你必须适应这一点。

4. 选择恰当的时机与上司交谈

上司一天到晚要考虑的问题很多，你应当根据自己问题的重要程度，选择适当时机与上司对话。假如你是为个人琐事，就不要在他正埋头处理事务时去打扰他。如果你不知上司何时有空，不妨先给他写张纸条，写上问题的要点，然后请求与他交谈，或写上你要求面谈的时间、地点，请他先约定，这样，上司便可以安排时间了。

5. 对交谈内容事先做好充分准备

在谈话时，要尽量将自己所要说话的内容，简明扼要地向上司汇报。如果有些问题是需要请示的，自己心中应有两个以上的方案，而且能向上司分析各方案的利弊，这样有利于上司作决断。为此，事先应当周密准备，弄清每个细节，随时可以回答。如果上司同意某一方案，你应尽快将其整理成文字再呈上去，以免日后上司又改了主意，造成不必要的麻烦。

要先替上司考虑提出问题的可行性。有些人明知客观上不存在解决问题的条件，却一定要去找上司，结果造成了不欢而散的结局。这是非常不可取的。

一般说来，人们在与自己同等级、同层次的人讲话时，表现比较正常，行为举止都会比较自然、大方；但是，在与比自己地位高的人交往时，就可能感到紧张，表现比较拘谨，并且自卑感强；相反，在与社会地位低于自己的人讲话时，就会表现得比较自如、自信，甚至比较放肆。

有的人在自己的上级面前从不敢"妄言"，在同一科室的也不多说话，可是在自己的下级或所管班组面前讲话时，则落落大方，侃侃而谈。有的人则在一般人面前总是摆出一副能者的架势，可是一见到权威就显得十分驯服。

由以上可见，与上司说话，要避免采用过分胆小、拘谨、谦恭、服从甚至唯唯诺诺的态度讲话，改变诚惶诚恐的心理状态，而要活泼、大胆和自信；跟上司说话，成功与否，不只影响上司对你的观感，有时甚至会影响你的工作和前途；跟上司说话，要尊重，要慎重，但不能一味附和，"抬轿子""吹喇叭"等只能有损自己的人格，却得不到重视与尊敬，倒很可能引起上司的反感和轻视。

接受上司的指示要爽快

和上司之间的关系如何取决于工作表现与沟通情况。工作表现平庸而又不善于沟通，想和上司建立起良好的关系是不可能的。当上司对工作有指示时，冷静、迅速地作出回答，会让上司直觉地认为你是名有效率、听话的好部属；相反，犹豫不决的态度只会惹得责任本就繁重的上司不快。所以，正确地接受上司的指示、命令是与上司建立起良好的人际关系，获得上司信任的基本条件。

1. 精神饱满，爽快利落

当我们被上司叫来接受指令时，爽快而精神饱满地回答"是！"是非常重要的。这一点说起来容易，但做起来难，很少有人能真正地做到这一点。

即使你自己正忙着工作，在上司叫你时，你也要迅速站起来回答："是！"这样一来，上司会觉得你工作很积极，非常爽快利落，从而对你产生放心感和信任感。

要知道，如果上司对你没有这种放心感和信任感，而是觉得把工作给你很不放心，那对你的前途极为不利。因为对你没有信任感也就不会器重你、提拔你。

2. 把指示和命令听完，不要轻易打断

上司在交代工作时已经事先想好了交代的顺序，因此，如果你在上司交代的过程中突然打断上司，提出自己的疑问，就很容易使上司忘记自己说到哪儿了。这时，上司不仅会感到尴尬，还会很生气。所以，在接受指示或命令时要先把上司的话听完，然后再提出疑问或提出自己的看法。这样做是非常有必要的。

3. 清楚地表示自己已经明白指令内容

上司会从你的表情、动作来判断你是否清楚地明白了他的意图。所以，在上司交代工作时，你要用点头的动作或轻轻地发出"是"及别的能表示肯定的语气词来表示你已经清楚地明白了工作的内容。而当你不点头或没有任何表示时，上司也就会知道你这个地方不太懂，需要重新说明一下。

4. 如果无法接受，要恰当地说明原因

也许你经常会遇到自己正忙着一份工作，而上司又吩咐另外一份工作的情况。这时对上司的指示或命令就不一定能够接受了，或者说不能按照上司的要求完成工作任务。因为你正在忙着的工作需要在规定期限内完成，所以，如果你接了另一份工作，原来的工作就无法在规定时间内完成了，反而为自己和公司带来麻烦。

在这种时候，一定要明确地说出你不能接受的理由。不能只是简单地说："不行啊！"而应该先说："实在对不起……"然后再具体地说明不能接受这个指示或命令的理由。

上司认为你能把这份工作做好，所以才把工作交给你的。你如果只是说"不行"的话，上司会很生气。你要说："我正在忙着这项工作……"或"这项工作也很着急……"你把自己正在做的工作的内容具体说明一下，然后等候上司的指示，因为你自己是没有决定权力的。

上司在听完你的话之后会作出指示说："你现在做的工作以后再做也可以，先把这份文件处理一下。"或"你现在做的工作比这个重要，先把你手上的工作做完再做这个也行。"这时候你要听从上司的决定。

5. 别忘了委婉地阐述自己的意见

如果你对上司的指示或命令有自己的看法或有更好的办法时，坦率地阐述自己的意见很重要。但你也别忘记了，一定要注意说话的技巧。要委婉地提出自己的意见。如："经理，您的想法我能理解，但我认为这样做也许会更好一点。"

当然，能说出自己具体的建议和根据是最好的。对上司的指示能够说出自己独到的意见，这在某种程度上是工作能力的证明。如果是有的放矢的意见，上司应该会更高兴，也能够接受你的建议。

不管怎么样，在接受上司的指示、命令时，作为下属的你，都要爽快地回答，不要让上司感到不满。

 # "直言进谏"不可取

人无论处在何种地位，也无论是在哪种情况下，都喜欢听好话，喜欢受到别人的赞扬。的确，做工作很辛苦，能力虽然有大有小，毕竟是尽了自己的一份力量，当然希望自己的努力得到他人和社会的承认，这也是人之常情。

　　会为人处世的人，此时必然是避其锋芒，即便觉得你干得不好，也不会直言相对。生性油滑、善于见风使舵的人，则会阿谀奉承、拍马屁。那些忠直的人，此时也许要实话实说，这就让人觉得太过莽直，锋芒毕露了。有锋芒也有魄力，在特定的场合显示一下自己的锋芒，是很有必要的，但是如果太过，不仅会刺伤别人，也会损伤自己。做大事的人，过分外露自己的才能，只会招致别人的妒忌，导致自己的失败，从而无法达到事业的成功，更有甚者，不仅因此失去了政治前途，还累及身家性命。所以有才华要含而不露，对他人不可过于耿直地指责和批评。过分直露自己的见解会招致他人的妒恨，但也不是说因此要不分是非曲直，什么事都一味地说好。如果是让我们在对别人提出批评意见的时候，要尽量采用别人能接受的方式，同样可以达到让别人改过，使事业、工作能进一步发展的目的，为什么非要吵得面红耳赤，最后犹如仇人一般呢？

　　自古以来忠直之士为人敬佩，为人赞扬，他们往往是以自己的忠直之谏，不惜身家性命去为民请命。如果只从个人利益而言，他们完全可以忍耐住自己的个性，图个高官厚禄，但是为社稷江山，为黎民百姓，他们不仅不能坐视不管，相反，他们忠言劝上，直言犯上。他们也知道必死无疑，但是如果只为苟延残喘于人世就不尽自己的职责，这些忠义之士是绝对不肯干的，他们是不会屈从的。他们拼却性命去直言进谏，难道就是最好的办法吗？不可能人人都如魏征，得遇圣明的君主，更多的是遇到昏聩的王侯，所以直言当看对谁，可以直言的当然要去尽自己的职责，但是不值得你去进忠言的，你不能审时度势，无疑是过于迂腐、愚忠了。这时候你就要听人劝，忍住要直言相劝的冲动，首先保护好自己，再图发展。

　　婉转地批评别人，不逞一时的刚勇，同样能达到批评对方的目的。在西汉时期，汉武帝身边有个大臣叫东方朔，头脑聪明，言语犀利，又爱说笑话，当时人称他为滑稽派。

　　汉武帝刚即位就下了一道诏书，叫各郡县推举品行端正、有学问才能的人，当时有上千人应征。这些人上书给皇帝，多半是议论国家大事，卖弄自己的才能，其中不少建议皇帝看不上，提建议的人也就没被录取。东方朔的上书却半开玩笑半认真地说自己怎么博学多才、聪明过人，怎么身材高大、五官端正，怎么勇敢灵活、正派守信，最后说："像我这样的人，真该当皇上的大臣了。"汉武帝看这份上书与众不同，有些意思，就让他待诏公车。东方朔虽然被留在了长安，但薪水很少，也见不着皇帝。

过了些日子，东方朔想出个让皇帝注意他的主意来。当时皇宫里有一批给皇帝养马的侏儒，东方朔骗他们说："皇上说你们这些人一不能种田，二不能治国，三不能打仗，对国家没一点用处，准备把你们全杀了呢。"侏儒们都吓得哭起来。东方朔又教他们："皇上要是来了，你们赶快去磕头求饶。"不久，汉武帝路过马厩，侏儒们都号啕痛哭，跪在武帝的车子前连连磕头。汉武帝觉得奇怪，问道："你们干什么？"侏儒们回答："东方朔说您要把我们全杀了。"汉武帝知道东方朔鬼点子多，就把他叫来责问："你为什么要吓唬侏儒？"东方朔说："侏儒身高不过三尺多，每个月有一袋粮食、240钱。我东方朔身长九尺多，也只有一袋粮食、240钱，侏儒们会撑死，我却会饿死。皇上要觉得我不行，就放我回家，别留着我在这里吃白饭。"汉武帝听了哈哈大笑，让他待诏金马门。待诏金马门比待诏公车的地位高，他也就渐渐地能接近皇帝了。

有一次，汉武帝让手下的人玩"射覆"的游戏，东方朔连猜连中，得了很多赏赐。汉武帝身边有个姓郭的舍人，也很聪明，能言善辩，见东方朔这么得意，很是眼红，就对汉武帝说："东方朔刚才都是碰运气，并不是真会猜。现在我来藏一样东西，如果他猜中，我愿意挨一百板子；要是猜不中，您把刚才赏他的东西都给我。"结果东方朔又猜对了。汉武帝命令左右打郭舍人的屁股，郭舍人痛得直喊"哎哟"。东方朔嘲笑他说："吓！口上没有毛，声音叫嗷嗷，屁股翘得高。"郭舍人又羞又气，喘息着说："东方朔辱骂皇上的随从，该杀头！"汉武帝问东方朔："你为什么骂他？"东方朔急中生智，回答："我怎敢骂他？是让他猜谜语呢。"

汉武帝又问："怎么是谜语？"东方朔信口胡编道："口上没毛是狗洞，声音叫嗷嗷是鸟儿在喂小鸟，屁股翘得高是白鹤弯腰啄食。"汉武帝见他说得头头是道，没法再追究，郭舍人只好吃了个哑巴亏。

又有一次过节，汉武帝下令把肉赏给身边的官员、随从们，可是执行命令、主管分肉的大官丞迟迟不来。东方朔对同事们说："今天过节，该早点回去，请原谅我占先了。"说着拔出剑来，割了一块肉走了。大官丞知道后报告给汉武帝。第二天，东方朔进宫来，汉武帝责备他："昨天你为什么不等大官丞来宣布命令就擅自割肉？"东方朔赶紧脱下帽子，跪在地上请罪。汉武帝说："你起来，自己责备自己吧。"东方朔拜了两拜，爬起来，像背书一样有板有眼地说："东方朔，你过来！东方朔，你过来！你接受赏赐不等命令，多么无礼啊！拔出剑来就割肉，多么豪壮啊！只割一小块，多么廉洁啊！回去送给妻子，又多么有爱心啊！"汉武帝忍不住笑了，说："让你责备自己，你倒夸起自己来了！"不但没治他的罪，还赏给他一担酒和一百斤肉，让他带回去给妻子。

对于皇帝的指责，不是强词夺理，而是机智应对，有理有节，这其实就是忍。东方朔忍住心中对他人的不满，忍住对告发者的气愤，不失时机地批评他人的错误，又保全了自己。

Part11 好口才让你尽享说服的红利

　　说服是一门学问。强有力的说服力不仅仅使我们在人生的旅途上获得更多的机遇，更重要的是它可以带给我们对自己人生把握的自信和雄心。

巧寻说服最佳突破点

"说服"是生活中常见的一种现象，需要说服的对象有很多，他可能是你的父母、你的上司、你的顾客、你的朋友、你应聘的主考官等。而人生在世，经历不一、性格不一、学识不一、专业不一，与之相对应的心态、兴趣、做事、为人，当然也不一样。

"一千个读者心中有一千个哈姆莱特。"一方面说明莎氏戏剧中哈姆莱特这个艺术形象的复杂性，另一方面也说明人和人之间的巨大不同。因此，说服自古以来都在人们相互间的交往中扮演着重要的角色。孔子周游列国说之于礼，苏秦张仪连横合纵于七国之间，留下了许多千古佳话。

时代进入21世纪，说服更成为我们建立和谐人际关系的关键。说服是一门艺术，更是一个人综合素质的具体体现，比如一些权威言论或经实践证明的真知灼见，人们自然不说自服，而在日常生活中要想因某事而说服某人，就必须掌握一些说服的技巧和法则，以提高说服的效率。俗话说，"知己知彼，百战百胜"，要想在最短的时间内寻找到说服别人的最佳突破点，可以试着从以下几种方法着手。

1.了解对方的性格。不同性格的人，接受他人意见的方式和敏感程度是不一样的。如：是性格急躁的人，还是性格稳重的人；是自负又胸无点墨的人，还是有真才实学又很谦虚的人。了解了对方的性格，就可以按照他的性格特征，有针对性地说服。

2.了解对方的长处。一个人的长处就是他最熟悉、最了解、最易理解的领域。如有人对部队生活比较熟悉，有人对农村生活比较熟悉，有人擅长文艺，有人擅长体育，有人擅长交际，有人擅长计算等。

在说服人的时候，要从对方的长处入手。第一，能和他谈到一起去；第二，在他所擅长的领域里，谈论起来他容易理解，因此容易说服他；第三，能将他的长处作为说服他的一个有利条件。如一个伶牙俐齿、善于交际的人，在分配他做推销工作时可以说："你在这方面比别人具有难得的才能，这是发挥你潜在能力的一个最好机会。"这样谈既有理有据，又能表现领导者对他的信任，还能引起他对新工作的兴趣。

3.了解对方的兴趣。有人喜欢绘画，有人喜欢音乐，有人喜欢读书，还有人喜欢下棋、养鸟、集邮、书法、写作等，人人都喜欢从事和谈论其最感兴趣的事物。从这里入手，打开他的"话匣子"，再对他进行说服，便较容易达到说服的目的。

4.了解对方的想法。一个人坚持一种想法，绝不是偶然的，他必定有自己的理由，而且他讲的道理一般都符合他自己的利益或人之常情。但这常常不是他想要坚持的，只是不愿承认，难以启齿。如果说服者能真正了解他的"苦衷"，就能有针对性地加以解决。

5.了解对方的情绪。一般来说，影响对方情绪的因素有以下几个方面。一是谈话前对方因其他事所造成的心绪仍在起作用；二是谈话当时对方的注意力还未集中起来；三是对说服者的看法和态度。因此，说服者在开始说服之前，要设法了解他当时的思想动态和情绪，这对说服的成败是一个至关重要的环节。

凡此种种，你都要悉心研究，才能够有针对性地采取有效的说服方式。另外，了解对方是有许多学问的。许多人不能说服别人，就是因为他不仔细研究对方，不研究该用怎样的表达方式，就急忙下结论，还以为"一眼看穿了别人"。这就像那些粗心的医生，对病人病情不了解就开了药方，当然不会有好的效果。

说服他人必备的六要素

在现实生活中，我们常常需要说服别人，大到思想观念，小到生活琐事。作为领导者也常常需要对员工或下属进行说服教育，这样工作才能顺利进行。然而，成功地说服别人并不是件轻而易举的事，因为被说服人的思维惯性和既成偏见是相当顽固的。我们在进行说服时不必急于求成，但要时刻注意说服他人的六要素。

1. 耐心说服，贵在坚持

如果你的观点是对的，一时说不服人家，你很可能会犯过分心急的毛病。当然，如果人家听了你的说服的话，立刻点头叫好，改弦易辙，并称赞你"一言惊醒梦中人"，这自然是最妙不过的。实际上，这种情况并不多见。别人的看法、想法、做法，不是一天形成的。"冰冻三尺，非一日之寒"，因此，要对方改变看法也绝非一日之功。相反，即使他当时表示了心悦诚服，你还要让他回去好好考虑。因为积习难改，当面服了，回去细想可能还会出现反复。如果真是如此，千万不能指责对方是"当面一套，背后一套"。

正确的做法第一要耐心，第二要耐心，第三还是要耐心。

当你不能说服对方的时候，甚至被人抢白一顿后，不要生对方的气，更不能生自己的气。"算了，管这闲事干什么？"这种想法是不应该有的。

你要有长期做说服工作的准备。对于"成见"这座山，今天挖一个角，明天铲一块土。

逐步解释一些细节和要点，日积月累，"成见"就会渐渐消除了。

你还应当扩大你的阵线。有时候，别人不难被你说服，但他身后存在着庞大的力量，被人怂恿几句，思想又有波动。所以，你面对的可能不是一个人，而是一群人，鉴于此，你应当从各方面增加自己的力量。如你可以给对方介绍一些有益的书籍、看一部好电影，也可以找一些与你见解相同的人一起帮你做说服工作。通过这一系列的工作，不但从各个侧面帮助对方，而且对你也是一个促进，因为你也从多个侧面的工作中提高了自己。

说服与批评之间，既有相似相通之处，又有相异相悖之处。这是两个有部分外延交叉重叠的概念。

说服与批评，都有对人施加思想影响，从心理上征服人的意图。批评常辅以说服，批评离不开说服；说服有时也带有批评，但说服不一定都带批评。如推销产品时，一般都是向对方大讲好话，极少有批评顾客、买方的。被批评者，一般都有缺点、错误。批评的目的就是帮助对方改正。说服人接受你的主张，总要或多或少能给对方带来一定的精神上或物质上的好处。说服的过程，就是宣传这种好处，令对方信服。被说服者不一定有什么缺点、错误，他放弃的主张与接受你宣传的主张，不一定有正误之分，可能只有全面、完美的程度之别。

批评的态度较严肃或严厉，说话的语气也较重、较强硬；说服的态度较温和，说服的语气也较轻、较委婉。批评的话语，贬义词多于褒义词、否定词多于肯定词。说服的话语，褒贬皆可；根据说服的对象与内容的不同，有时褒多于贬，有时贬多于褒。如果进一步仔细分类，说服还可以再分为批评性说服与赞美性说服两类。接受批评，可能会属于自觉自愿，也可能多少带点勉强。接受说服，完全是自觉自愿，不带任何勉强。

民主空气浓厚，解决矛盾纠纷、统一思想认识时，说服多于批评，协商多于命令，其结果是人际关系和谐，人心团结向上，社交往来活跃。反之，则人际关系紧张，貌合神离，社交生活沉寂。虽然说服与批评皆不可少，但我们希望在一切社交场合，说服多一些，批评少一些。遇有矛盾分歧，尽可能多采用说服手段。

2. 让事实说话

当一种观念进入心底很长时间时，有时外人用话语的确难以改变它。此时，可用事实这种最有力的武器来说服他。

1961年6月10日，周总理接见溥杰的夫人嵯峨浩时，了解到嵯峨浩的顾虑。嵯峨浩刚到中国，因为自己是日本人，又是伪满洲皇帝的弟媳，担心受到歧视。为了打消嵯峨浩的顾虑，周总理请了三个人作陪，一位是老舍的夫人，一位是京剧名旦程砚秋的夫人，另一位是照顾总理夫妇的护士。为什么请这三人？因为她们都是满族人。总理先介绍三位陪客，然后讲了我们党的政策，讲中国各族人民都有平等的地位，不会受到歧视。如果没有三位满族人在场，以事实作证，嵯峨浩未必会相信总理，未必会去除偏见，打消顾虑。

改变一个人对一件事的偏见，就要找到与他观念相悖的事实，自然而然地引进这个事实，并在时机成熟时阐述它、发挥它，使之真正成为你的有力论据。若要改变一个人对另一个人的偏见常常要难得多。但用同样的方法也可以做到，只不过需要更长的时间，更多的坚持，也即积累更多的事实。让事实说话，让说话的声音更有力。

3. 活用数据

我们生活在数字的世界里，每天所见、所闻与所思的一切，几乎没有不涉及数字的。因此，我们也许对数字或多或少地产生了麻木或厌烦的感觉。其实，这样的感觉是很自然的，因为数字只是代表事实的一种符号，而非事实本身。在说服他人时运用数字，要留意下面两个要领。

首先，除非必要，否则不要随便提出数字。你抛出的数字过多，不但会令对方感到纳闷而关闭心扉，而且也会令听众觉得你没人情味，因为你所关心的只是冷漠的数字。

其次，要设法为枯燥的数字注入生命，这即是说，要让数字所代表的事实，能成为一般人生活经验中的一部分。只有这样，人们对数字才感到亲切，也才能产生兴趣。举例来说，下面的第一种数字陈述方式若能改为第二种陈述方式则其影响力将显著加大。

A："假如各位接纳我的提议，则公司每个月至少能节省67453750元的开支。"

B："假如各位接纳我的提议，则公司每个月至少能节省67453750元的开支。从另一个角度来说，倘若这项节省下来的开支，能以加薪的方式平均分配给公司的每一位成员，则每一个人每一个月的工资将增加3500元。"

4. 懂得循序渐进

第一，想要让对方同意你的意见，第一步就是要设法先了解对方的想法与凭据来源。

曾经有一位很优秀的管理者这么说："假如客户很会说话，那么我已有希望成功地说服对方，因对方已讲了七成话，而我只要说三成话就够了！"

事实上，很多人为了要说服对方，就精神十足地拼命说，说完了七成，只留下三成让客户"反驳"。这样如何能顺利地说服对方？所以，应尽量将原来说话的立场改变成听话的角色，去了解对方的想法、意见以及其想法的来源或凭据，这才是最重要的。

第二，先接受对方的想法

例如，当你感觉到对方仍对他原来的想法保持不舍的态度，其原因是尚有可取之处，所以他反对你的新提议。此时最好的办法，就是先接受他的想法，甚至先站在对方的立场发言。"我也觉得过去的做法还是有可取之处，确实令人难以舍弃。"先接受对方的立场，说出对方想讲的话。为什么要这样做呢？因为当一个人的想法遭到别人一无是处的否决时，极可能为了维持尊严或咽不下这口气，反而变得更倔强地坚持己见，排斥反对者的新建议。若是说服别人其结果是这样，成功的希望就不大了。

曾经有一个实例，某家庭电器公司的推销员挨家挨户推销洗衣机，当他到一户人家里，看见这户人家的太太正在用洗衣机洗衣服，就忙说："哎呀！这台洗衣机太旧了，用旧洗衣机是很费时间的，太太，该换新的啦……"

结果，不等这位推销员说完，这位太太马上产生反感，驳斥道："你在说什么啊！这台洗衣机很耐用的，到现在都没有故障，新的也不见得好到哪儿去，我才不换新的呢！"

过了几天，又有一名推销员来拜访。他说："这是令人怀念的旧洗衣机，因为很耐用，所以对太太有很大的帮助。"

这位推销员先站在太太的立场上说出她心里想说的话，使得这位太太非常高兴，于是她说："是啊！这倒是真的！我家这台洗衣机确实已经用了很久，是太旧了点，我倒想换台新的洗衣机！"

于是推销员马上拿出洗衣机的宣传小册子，提供给她作参考。这种推销说服技巧，确实大有帮助，因为这位太太已被动摇而产生购买新洗衣机的决心。至于推销员是否能说服成功，无疑是可以肯定的，只不过是时间长短的问题了。

善于观察与利用对方的微妙心理，是帮助自己提出意见并说服别人的要素。

一般来说，被说服者之所以感到忧虑，主要是怕"同意"之后，会不会发生意想不到的后果；如果你能洞悉他们的心理症结，并加以防备，他们还有不答应的理由吗？

至于令对方感到不安或忧虑的一些问题，要事先想好解决之道以及说明的方法，一旦对方提出问题时，可以马上说明。如果你的准备不够充分，讲话可能模棱两可，反而会令人感到不安。所以，你应事先预想一个引起对方可能考虑的问题，此外，还应准备充分的资料，给客户提供方便，这是相当重要的。

第三，让对方充分了解说服的内容

有时，虽然有满腹的计划，但在向对方说明时，对方无法完全了解其内容，他可能马上加以否定。另外还有一种情形是，对方不知我们说什么，却已先采取拒绝的态度，摆出一副不会被说服的模样；或者眼光短浅，不听我们说者也大有人在。如果遇到以上几种情形，一定要耐心地一项项按顺序加以说明，务求使对方了解我们的真心实意，这是说服此种人要先解决的问题。

如果不能完全了解我们说服的对象，千万不可意气用事，必须把自己新建议中的重要性及其优点，一下打入他的心中，让他确实明白。举一个例子加以说明，假如你前往说服别人，第一次不被接受时，千万不可意气用事地说：

"讲也是白讲！"

"讲也讲不通！浪费唇舌。"

一次说不通就打退堂鼓，这样是永远没有办法说服成功的。

5. 要会揣摩

通过提问，可以引导被说服一方去发现问题的症结所在，也可以引导他们提出解决问题的方案。因此，提问是相当重要的技巧。

伏尔泰说："判断一个人凭的是他的问题，而不是他的回答。"确实，问题提得好，乃是高明说客的一项标志。这类提问，有助于人们整理自己的思想和感受。

也正是通过提问，使得你对别人的需要、动机以及正在担心的事情，具有一种相当深入的了解，有了这样的答案，他人的心灵大门也就对你敞开了。要想有效地运用提问技巧，你还得注意以下三个重要事项：

清晰化——问题一般是针对对方的讲话而发的。事实上，这类提问的总意图不外是：我已听到你的话，但我想确证一下你的真实意思。以清晰化为目的提问，是反馈的一种形式。它可以使说话人的意思变得更加明了。

将问题加以扩展——你提问题的目的就是想知道更多的信息，比如对方优先考虑的事情是什么。事实上，你这样提问题就等于告诉对方：我理解你的意思，但我想知道得更多些。

转移话题——有一类问题在转移话题时很有用。在你这样提问的时候，你实际上是在说：我对你这方面的想法已很清楚，让我们换个话题吧。通过这样的提问，你的航船就会转舵到更加顺水的方向上去。因此，对方的回答使问题不断扩展下去，但扩展到一定程度，你就得用转向提问去改变话题。

你的见解要与他人的需要、愿望、目标相结合，要时时注意从别人那里得到反馈，这样你就会成为一名强而有力的说客。你要时时揣摩那些需要，不断促使他人显露他那个需要差距，他那个"可是"，这才是至关重要的第一步。

6. 知己知彼

"知己知彼，百战百胜"这句老话，是很有道理的。战争如此，说服人也必须如此。在说服对方之前，必须透彻地了解被说服对象的有关情况，以便有针对性地进行说服工作。了解的内容主要有：

（1）了解对方的性格

不同性格的人，对接受他人意见的方式和敏感程度是不一样的。如：是性格急躁的人，还是性格稳重的人；是自负又胸无点墨的人，还是有真才实学又很谦虚的人。掌握了对方的性格，就可以按照他的性格特征，有针对性地说服。

（2）了解对方的长处

一个人的长处就是他最熟悉、最了解、最易理解的领域。如有人对部队生活熟悉，有人对农村生活比较熟悉，有人擅长文艺，有人擅长语言，有人擅长交际，有人擅长计算等。在说服人的时候，从对方的长处入手。能和他谈到一起去；在他所擅长的领域里，谈论起来他容易理解，便容易说服他；能将他的长处作为说服他的一个有利条件。

（3）了解对方的兴趣

有人喜欢绘画，有人喜欢音乐，还有人喜欢下棋、养鸟、集邮、书法、写作等，人都喜欢从事和谈论其最感兴趣的事物。从这里入手，打开他的"话匣子"，再对他进行说服，便较容易达到说服的目的。

（4）了解对方的其他想法

一个人坚持一种想法，绝不是偶然的，他必定有自己的理由，而且他讲的道理一般都符合国家政策、集体的利益或人之常情。但这常常不是他的真实想法，他的真实想法怕拿出来被人瞧不起，难以启齿。如果领导者能真正了解他的"苦衷"，就能有针对性地加以解决。

（5）了解对方当时的情绪

一般来说，影响对方情绪的因素有：一是谈话前对方因其他事所造成的心绪仍在起作用；二是谈话当时对方的注意力正集中在别处；三是对说服者的看法和态度。所以，说服者在开始说服之前，要设法了解被说服者当时的思想动态和情绪，这对说服的成败，是一个重要的环节。

凡此种种，你都要悉心研究，才能够有针对性地采取你说服的方式。

说服有方，事半功倍

说服，是以求得对方的理解和行动为目的的谈话活动。因此，说服的最大特征，就是在于引起对方的关注。如果单方面的想法强加在他人的头上，说服就不可能获得成功。

就是说，说服的关键，在于帮助对方产生自发的意志。因此，说服，不是为了使对方在理论上获得理解而进行的"解说"，也不是迫使对方在无奈之下付诸行动。那么用什么样的方法才能说服他人呢？

1. 抓住好时机

一个人的心理状况是客观现实在头脑中的反映，外界的刺激会引起人的心理变化，导致人的心理波动。这时人们往往情绪反应强烈，感到不安，特别是年轻人情感更为动荡，极易冲动，情感有余而理智不足，一旦情感的潮水漫过理智的堤坝，就会在激情的驱使下采取过火行为，事后则追悔莫及。如果抓住情绪产生强烈波动，还未导致不正常行为的时刻予以说服，加以引导，陈明利害得失，对方就会受到震动，恢复理智，幡然醒悟。而如果过早地进行说服，会被对方认为神经过敏或无中生有；如果事过境迁，再去说服教育，易被对方看成"事后诸葛"或"马后炮"。这些都不能收到好的效果。要抓住最佳时机，就要善于在人的思想、情绪容易发生变化或可能出现问题的关口及时进行说服教育。

一般来说，当人们面临工作调动、毕业分配、家庭事件、婚恋受挫、提职加薪、意外事故、住房分配、子女就业等情况时，极容易产生思想波动和不安情绪，这也正是进行说服的好时机。个别说服的时机是否恰当，可以通过观察对方的情绪表现进行判断。如果对方心平气和，或者表现出情绪超乎平静的迹象，这往往是说服的好时机。如果发现对方表现出反感和对立情绪，我们除应检查谈话方式、方法或自己的观点、态度是否正确外，还应考虑谈话的时机是否成熟，好及时终止谈话，以免造成不利的后果。

这时，我们应积极观察，耐心等待；或者采取恰当措施，创造有利的时机，使说服一举奏效。实际上，我们所强调的最佳时机，并没有具体标准，也并不限于上面事例中所展示的模式，而全靠我们在具体情况下从说服目的出发，针对对方的思想状态和心理特点，自己揣摩和把握。只要我们用心去观察，准确地预测和果断、灵活地掌握说服的技巧，我们的说服工作就会像杜甫诗句中"知时节"的"好雨"那样，"当春乃发生"，恰到好处地滋润人们的心田。

2. 步步为营，稳中求胜

显然说服别人是需要一定技巧的，其中最重要的是依循一定的步骤。像行军打仗一样，步步为营，才能稳中求胜，也易形成排山倒海的气势。

（1）吸引对方的注意和兴趣

为了让对方同意自己的观点，务必要吸引劝说对方将注意力集中到自己设定的话题上。利用"这样的事，你觉得怎样？""这对你来说，是绝对有用的……"之类的话转移他的注意力，让他愿意并且有兴趣往下听。

（2）明确表达自己的思想，明白、清楚的表达能力是成功说服的首要要素

对方能否轻轻松松倾听你的想法与计划，取决于你如何巧妙运用你的语言技巧。

准确、具体地说明你所想表达的话题。比如"如此一来不是就大有改善了吗？"之类的话，更进一步深入话题，好让对方能够充分理解。为了让你的描述更加生动，少不了要引用一些比喻、实例来加深听者的印象。适当引用比喻和实例能使人产生具体的印象；能让抽象晦涩的道理变得简单易懂；甚至使你的主题变成更明确或为人熟知的事物。如此一来，就能够顺利地让对方在脑海里产生鲜明的印象。说话速度的快慢、声音的大小、语调的高低、停顿的长短、口齿的清晰度等都不能忽视。

除了语言外，你同时也必须以适当的表情、肢体语言来辅助。

（3）动之以情

说服前只有准确地揣摩出对方的心理，才能够打动人心。通过你说服对方的内容，了解对方对此话题究竟是否喜好、是否满足，再顺势动之以情或诱之以利，告诉他"倘若照我说的去做，绝对省时省钱，美观大方，又有销路……"不断刺激他的欲望，直到他跃跃欲试为止。

一般而言，人的思维和行动都是由意识控制，即使他人和外界如何建议或强迫，也不见得能使其改变。因此，想要以口才服人的人，必须意识到说服的主角不是自己而是对方。也就是说，说服的目的，是借对方之力为己服务，而非压倒对方，因此，一定要从感情深处征服对方。

（4）提示具体做法

在前面的准备工作做好之后，就可以告诉对方该如何付诸行动了。你必须让对方明了他应该做什么、做到何种程度最好等。到了这一步，对方往往就会很痛快地按照你说的去做。

说服他人的根本是理由

理由是说服人的关键，也是根本，因此我们在说服别人的过程中最具说服力的方法，就是强调最大最关键的理由。

多年以前，拿破仑·希尔曾应邀向俄亥俄州立监狱的服刑人员发表演说。他一站上讲台，立刻看到眼前的听众之中有一位是他在十年前就已认识的朋友——D先生，D先生此前是一位成功的商人。

拿破仑演讲完毕后，和D先生见了面，发现他因为伪造文书而被判20年徒刑。听完他的故事之后，拿破仑说："我要在60天之内，使你离开这里。"

D先生脸上露出苦笑，回答说："希尔，我很佩服你的精神，但对你的判断力却深感怀疑。你可知道，至少已有20位具有影响力的人士曾经运用他们所知的各种方法，想使我获得释放，但一直没有成功。这是办不到的事。"

大概就是因为他最后的那句话——"这是办不到的事"——向拿破仑提出了挑战，他决定向D先生证明，这是可以办得到的。

拿破仑回到纽约市，请求他的妻子收拾好行李，准备在哥伦布市——俄亥俄州立监狱所在地——停留一段不确定的时间。

拿破仑的脑海中有一项"明确的目标"，这项目标就是要把D先生弄出俄亥俄州立监狱。他从来不曾怀疑能否使D先生获释。他和妻子来到哥伦布市，买了一处高级住宅，像要永久性地住下去一样。

第二天，拿破仑前去拜访俄亥俄州州长，向他表明了此行的目的。

拿破仑是这样说的：

"州长先生，我这次是来请求你下令把 D 先生从俄亥俄州立监狱中释放出来。我有充分的理由，请求你释放他。我希望你立刻给他自由，为此我准备留在这儿，等待他获得释放，不管要等待多久。在服刑的期间，D 先生已经在俄亥俄州立监狱中推出一套函授课程，你当然也知道这件事：他已经影响了俄亥俄州立监狱中2518名囚犯中的1728人，他们都参加了这个函授课程。他已经设法请求获得足够的教科书及课程资料，而使得这些囚犯能够跟得上功课。难得的是，他这样做并未花费州政府的一分钱。监狱的典狱长及管理员告诉我说，他一直很小心地遵守监狱的规定。当然了，一个能够影响1700多名囚犯努力学习的人，绝对不会是个坏家伙。我来此请求你释放 D 先生，因为我希望你能指派他担任一所监狱学校的校长，这将可使得美国其余监狱的16万名囚犯获得向善学习的良好机会。我准备担负起他出狱后的全部责任。这就是我的要求，但是，在您给我回答之前，我希望您知道，我并不是不明白，如果您将他释放，而且，您又决定竞选连任的话，这可能会使您失去很多选票。"

俄亥俄州州长维克·杜纳海先生紧握住拳头，宽广的下巴显示出坚定的毅力。他说："如果这就是你为 D 先生的请求，我将把他释放，即使这样做会使我损失5000张选票，也在所不惜……"

这项说服工作就此轻易完成了，而整个过程费时竟然不超过五分钟。

三天以后，州长签署了赦免状，D 先生走出了监狱的大铁门，他再度恢复了自由之身。

拿破仑之所以能够成功地说服州长，和他的周密考虑和精心安排是分不开的。拿破仑事前了解到，D 先生在狱中的行为良好，为1728名囚犯提供了良好的服务。当他创办了世界上第一所监狱函授学校时，他同时也为自己打造了一把打开监狱大门的钥匙。既然如此，那么，其他请求保释 D 先生的那些大人物，为何无法成功地使 D 先生获得释放呢？他们之所以失败，主要是因为他们请求州长的理由不充足。他们请求州长赦免 D 先生时，所用的理由是，他的父母是著名的大人物，或者说他是大学毕业生，而且也不是什么坏人。他们未能提供给俄亥俄州州长充分的动机，使他能够觉得自己有充分的理由去签署赦免状。

拿破仑在见州长之前，先把所有的事实研究了一遍，并在想象中把自己当作州长本人思考一遍，而且弄清楚了，如果自己真的是州长，什么样的说辞才最能打动州长。拿破仑是以全美国各监狱内的16万名男女囚犯的名义，请求释放 D 先生的。因为这些囚犯可以享受到 D 先生所创办的函授学校的利益。他绝口不提他有声名显赫的父母，也不提自己以前和他的友谊，更不提他是值得大家帮助的人。所有这些事情都可被用来作为请求保释他的最佳理由，但和下面这个更大、更有意义的理由比较起来，就显得没有太大的意义。这个更大、更有意义的理由是，他的获释将对另外的16万名囚犯有很大的帮助，因为他获释之后，将使这些囚犯享受到他所创办的这个函授学校的好处。因此，拿破仑靠着这个最大最关键的理由获得了成功。

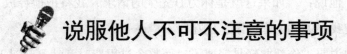

说服他人不可不注意的事项

美国纽约大学演讲系教授阿尔文·C.巴斯和理查德·C.博登用了七年时间，亲自聆听了上千次的各种人之间的实际争论，通过研究，他们得出了有趣的结论：那些职业政治家、联合国的代表很少能说服对方，他们取胜的机会远远没有商店店员、公司职员多。政治家们总是力图击败对方，而职员及商店的店员则力图说服对方或顾客转变自己的看法。这就是说，政治家们更多的是进行一场零的结局的争吵，而职员们通常是进行一种双赢的说服。那么说服他人应该注意哪些事项呢？

1. 说服语言要优雅

说话时若能运用恰当的词汇，并将声音的魅力显现出来，自然会让人想继续聆听。

优雅用词造句的要点包括：第一，说完整的词句，不要吞吞吐吐或欲言又止，"嘴里半句肚里半句"，否则会让人觉得不爽快，严重些还会让你沟通的对象对你的人格产生怀疑。第二，不说粗话。说粗话的情况并非仅存于中低劳动阶层，有许多学识深、地位高的"高级人士"也认为，当自己遇到稍微不顺心的事时，说一句两句粗话无伤大雅。其实不然，在公众场合说粗话是对个人形象的极大伤害，更是一种听觉上的污染，给听者带来不快。第三，避免冗长无味或意思重复的言语，也不要采用流行语、口头禅作为开场白。第四，不要用"嗯""哦"等鼻子发出的声音来表达个人意见的同意与否。这些音调虽非粗话，却是懒惰的表现，会令谈话者有不被重视的感觉。但是使用优雅的词汇进行交流并不是鼓励使用那些极为拗口的书面语，甚或文言文，这样容易给人卖弄的感觉，也会给沟通造成障碍。还要注意不要在谈话中夹杂半生不熟的外语。

2. 说得多不如说得巧

明武宗时，秦藩请求加封陕边地，而此地战略上十分重要，与国家社稷的关系更是紧密相连，但是皇上受人撺掇，已经同意了，叫大学士们起草一个加封的诏书。梁文康承命起草了这份诏书，他巧妙地采用正话反说的方法表达了劝阻皇帝、改变封地的意见。

他写道："过去皇太祖曾诏令说：'这块土地不能封给藩王，不是吝啬，而是考虑到它的地广物丰，藩王得到后一定会多养士兵马匹，也一定会因富庶而变得骄纵。如果此时有奸人挑拨引诱，就会行为不轨，有害于国家。'现在藩王既然恳请得到这块土地，那么就加封给你吧？但得此地之后，不要在此收聚奸人，不要在此多养士兵马匹，不要听信坏人挑唆，图谋不轨，扰乱边境，危害国家。否则，那时想保全自己的妻子儿女都不可能了。请藩王在此事上慎之又慎，不要疏忽。"

皇上看到诏书很忧虑，觉得还是不把此地封给藩王为好。梁文康在这里运用了巧妙的说服战略，从而阻止了土地的滥封。

这个故事说明，在说服的过程中，与其喋喋不休地进行劝说，不如通过巧妙的方法进行点拨。前者令人生厌，效果甚微；后者巧妙而简洁，收效也很显著。

3. 以商量的语气说服人

如果你要人家遵照你的意思去做事，应该用商量的口气。

在一个盛夏的中午，一群工人在休息，一位监工走上去把大家臭骂一顿，工人们害怕监工，当然立刻站起来去工作了。可是当监工一走，他们便又停手了。如果那位监工上前和颜悦色地说道："朋友，现在这些工作很要紧，我们忍耐一下来赶一赶好吗？我们早赶好了，早点回去洗一个澡休息，怎么样？"我想，工人们当然会一声不响地忍着暑热去工作。

另外一种情况是：听了对方说话之后，发现其中有一点自己不大同意，立刻就提出异议，而对方一听，就会以为自己的意见全被否定了，而会很不高兴。在这种场合，我们一定要记得预先说明哪一点，或者哪几方面，自己是完全同意的，然后指出自己与对方意见不同的只限于某一点。这样，对方很容易地就接受了你的批评或修正，因为他知道双方对于主要部分的意见是完全一致的。即使你所不同意的地方是对方意见的主要方面，你最好仍能预先表达对方意见中你所同意的点，即使它是最不重要的一点。

无论你的意见和对方意见的距离多么远，冲突得多么厉害，我们都要表现出一切都可以商量的态度，并且相信，无论怎样艰难，大家都可以得到比较接近的看法。

4. 善于与他人达成一致

任何一个人在实现人生的各项愿望的过程中，都难免会遇到需要与他人合作的机会，而别人对你的协助意愿和配合程度，往往决定了你是否能顺利以及是否能加速达成目标。这意味着你在一生中都要与他人沟通。

好的沟通技巧及说服力，可让你处处遇贵人，时时有资源，别人做不到的事，你做得到，一般人要花五年才能达成的目标，你可能只需要两年。因为沟通及说服能力可让你建立良好的人际关系，获得更多的机会与资源，减少犯错的机会和摸索的时间，得到更多人的支持与协助。

Part12 好口才让你尽享谈判成功的红利

　　商务谈判是斗智斗勇、施展谋略的舞台。在这个舞台上，谈判双方谋略和策略的施展，需要靠语言来实现。语言艺术有如一个魔术师施展的魔法，在弹丸之地的谈判桌上，调动着谈判的双方。有时还可以驱动着数以万计，甚至数以亿计的金钱向既定的方向流动，真是精彩绝伦，令人叹为观止。

良好的谈判气氛是不可忽视的重要因素

　　每一场谈判都有其独特的气氛。有的谈判气氛十分热烈、积极、友好，双方都抱着互谅互让的态度参加谈判；有的谈判气氛却很冷淡、紧张，双方抱着寸土必夺、寸利必争的态度参加谈判；不过，更多的谈判气氛则介于上述两个极端之间，热中有冷，快中有慢，对立当中存在友好，严肃当中包含轻松。谈判气氛的选择和营造应该因人而异，但必须服务于谈判目标、方针和策略。

　　如果谈判一开始形成了良好的气氛，双方就容易沟通，便于协商，所以谈判人员都愿意在一个良好的气氛中进行谈判。如果谈判一开始双方就怒气冲天，见面时拒绝握手，甚至拒绝坐在一张谈判桌前，那么对整个谈判来说无疑会蒙上一层阴影。

　　经验丰富的谈判专家对谈判环境也是十分重视和在意的。在自己熟悉的环境下作战、比赛或者谈判，总是易于发挥自如、镇定自若，因此，谈判的环境对于谈判者的成功与失败相当重要。不少谈判者在谈判之前着意于谈判环境的选择和布置，以此来期望谈判能够取得好的结果。

　　作为一个以进口资源为主要发展手段的岛国，日本的钢铁和煤炭资源是相当匮乏的，而澳大利亚的钢铁和煤炭资源则相对要丰富得多。由于要发展自己的工业，日本非常希望能够从澳大利亚那里购买到足够的钢铁和煤炭，而由于资源方面的绝对优势，澳大利亚从来都不愁找到好的贸易伙伴。照理，日本人的谈判筹码要比澳大利亚人少得多，应该处于弱势地位，澳大利亚是占有绝对的优势和主动的。但是，由于日本人在谈判环境上大做手脚，反而将自己的劣势很好地隐藏了起来，倒是原本占据主动地位的澳大利亚商人最终败在日本人的手里。

　　日本人在谈判前充分考虑并分析了对方的各种情况和特点，他们深知澳大利亚商人过惯了富裕和舒适的生活，对日本的生活环境和生活习惯很不适应，而且根据澳大利亚人的习惯和做法，他们一般都比较谨慎小心，又特别讲究礼仪，不至于过分侵犯东道主的权益。根据这些原因，日本人有意识地把谈判地点设在本国，邀请澳大利亚商人到日本来进行生意谈判。澳大利亚商人当然不好拒绝，就动身前往日本进行双方之间的直接对话。

结果澳大利亚商人正好中了日本人的圈套。由于环境方面的不适应，澳大利亚商人在饮食、语言、风俗习惯等各方面都相当被动，他们一到达日本，就表现出拘谨和急躁的不安情绪，没过几天，就着急地想回到澳大利亚别墅的游泳池、海滨丛林以及自己的妻子儿女身边去，表现出对谈判环境的不适应。

作为东道主的日本人，澳大利亚商人的这些不适应正是其所预料和期望的，因此他们在谈判过程中相当的镇定自如，不仅态度温和、不急不躁，而且在价格方面和对手展开拉锯战，紧紧咬住自己的价格丝毫都不让步。在谈判过程中，日本方面的这种主动和顽强完全征服了急躁不安的澳大利亚商人，日本人完全占据了谈判的主动权，而所谓的资源短缺和澳大利亚人的资源优势等统统消失了，双方在谈判桌上的相互地位发生了180度大转变。经过双方的讨价还价，日本方面仅仅花费了相当小的经济代价做"诱饵"就把澳大利亚这条超级大鱼顺利捕获了，最终日本人取得了按照常规难以得到的巨大利润。

在日本人与澳大利亚商人的谈判中，日本方面之所以能够轻松地取得极大的成功，关键在于他们事先充分研究了对手的特点和生活习性，并在谈判环境上大做文章，巧妙地利用了谈判环境的技巧和方法，将对方置于一个极不舒服的环境中进行交涉和谈判。而澳大利亚人碍于情面又不好拒绝，只有被日本人牵着鼻子走，他们在极不熟悉的环境中和对手谈判，同时又受到思乡思亲的情绪干扰，轻易地就放弃了自己的优势和主动权，被日本商人钻了空子，最终将一次原本相当有把握的谈判变成了失败之旅。

巧妙地利用环境，最终取得谈判的主动权，这是日本人的聪明之处。选择自己熟悉的环境，使对手处于客人的身份，对手就会觉得拘谨，不会过分侵犯主人的利益。其次，在自己熟悉的环境中谈判，比较有利于自己水平的正常发挥，更容易进入角色，而不必花时间去适应环境。相反，对于处于客人位置的对手来说，来到一个新的环境，一切都不适应，这在心理上就给自己带来了阴影，从而不利于水平的发挥。

有什么样的谈判气氛，就会产生什么样的谈判结果，这是有经验的谈判者公认的事实。正是由于谈判气氛在整个谈判过程中的重要性，所以谈判者对于创造有利的谈判气氛十分重视。无论是竞争性较强的谈判，还是合作性较强的谈判，都需要有一个和谐、融洽的谈判气氛，不健康的谈判气氛只能带来谈判的失败。

为了创造和谐、融洽的谈判气氛，谈判的组织者和谈判的参与者都需要费尽心机，其中一种常用的谈判方法就是历史回顾。这种谈判方法表现在创造谈判气氛上的作用，就是通过回顾双方在过去的历史中友好合作、交往的事实和事件，增进双方的相互了解和友谊。这样不仅可为双方的进一步合作与交往找到坚实的基础，而且更融洽了双方的关系，形成一种有利于谈判成功的良好的气氛，为双方进一步谈判创造有利的条件。

鲁釐公二十年（公元前640年）春，齐孝公借口视察鲁国情况，带领五万大兵来到鲁国，企图对鲁国进行不轨行动。由于齐国是个大国，而鲁国只是一个弹丸小国，因此相比较起来，齐国的实力非常强大，鲁国的力量则相对弱小得多，所以形势对鲁国非常不利，鲁国顿时处于生死存亡的危难关头。这个时候，鲁釐公只能与齐孝公进行谈判，以避免自己的国家遭到灭亡的命运。鲁釐公选派自己最得意的谋士展喜作为谈判代表，前去求见齐孝公，希望同齐国进行谈判。在谈判中，展喜声称自己是鲁釐公派来犒劳齐国将帅的，表现得非常友善，看不出丝毫的害怕与忧虑。齐孝公看到展喜态度非常好，心里自然感到非常满足，得意地对展喜说："鲁国人害怕了吧？看我齐国大军，随便就能够将你们鲁国吞并，而且不用费太多的力气。"展喜回答说："大王错了，君子是不会害怕任何事情的。我们鲁国也从来都不怕任何国家，只希望与邻国相互尊重，和平友好地生存下去。"齐孝公见展喜如此回答，心中顿时有些不快，他反问展喜：

"你们这里都是空荡荡的，没有什么兵力和财力与我们齐国对抗，凭什么不害怕呢？"展喜这时理直气壮地说："回禀大王，我们凭的是先王的命令。"

接着展喜就利用了历史回顾的策略，向齐国发起了进攻。他对齐孝公说："大王应该比我清楚，齐国和鲁国的先君以前都是辅助周朝成王的得力大臣。成王赐给他们各自一片土地，并且赐给他们一个盟约，那就是希望齐国和鲁国世世代代的子孙都不要相互伤害！齐桓公在位的时候，对这个职责是非常恪守的，并且在鲁国处于危机的时候，齐桓公还特意派出兵力帮助鲁国解决危机，送给鲁国许多的粮食用以救济鲁国的百姓。我们鲁国上下无一不感激桓公的仁慈啊！现在大王您继位了，我们也想着您是继承先王的遗命，继承先王的功业的。而且我们相信，在保护和帮助鲁国方面，您能够比先王做得更好更出色，我们鲁国君臣百姓都对您抱有极大的希望与感激。所以这次您带领这么多兵将来到鲁国，我们的国君并没有任何的害怕，也不聚众防守，反而派遣我来犒劳大王啊。"听了展喜的一番话，齐孝公顿时自惭形秽，感觉非常理亏，被迫答应同鲁国商定了互不侵犯的协定，带着他的众多兵将撤回到了自己的国家。鲁国的一场危机就这样得到了化解。

在同齐国的谈判中，展喜利用历史回顾的策略，回顾了齐鲁两国先祖之间的友好关系，并巧妙地借先王的遗训，说服齐孝公不要侵犯鲁国，指明这是违反先祖的遗愿的。齐孝公面对这样的理论和事实，无法找到足够的理由侵犯鲁国，只好悻悻地带兵回国。

历史回顾的谈判策略在谈判活动中具有多方面的作用，不仅在军事谈判中能有效击退图谋不轨的侵略者，还可以在谈判过程中用历史事件的经验和教训，劝导对方从自己或者双方的利益出发，接受己方的建议，使谈判达成有利于己方或者双方的协议。只要谈判者能够掌握好历史回顾的时机，引用的历史事实贴切恰当，能借古喻今，有说服力，就可以在谈判中获得圆满成功。

而根据互惠谈判模式的要求，洽谈双方应当共同努力，来寻求互利互惠的最佳结果。这种方式的谈判，需要洽谈之初便有良好的基础。所以首先就是要建立一种合作的气氛，然后有一个顺利的开端，接下来双方融洽地进行工作。当然，谈判气氛不仅受开局瞬时的影响，双方见面之前的预先接触、洽谈期间的交流都会对谈判气氛产生影响，但谈判开始瞬间的影响最为强烈，它奠定了整个谈判的基础，此后，谈判的气氛波动比较有限。因此，为了创造一个合作的良好气氛，谈判人员应该做到以下几点。

第一，谈判人员应该径直步入会场，以开诚布公的、友好的态度出现在对方面前，肩膀要放松，目光的接触要表现出可信、可亲和自信。心理学家认为，谈判人员心理的任何微妙变化，都会通过目光表现出来。

第二，行动和谈吐要轻松自如，不要慌慌张张、毫无涵养。可先谈论些轻松的、非业务性的随意话题。如来访者旅途的经历、体育表演或文艺消息、天气情况、私人问题以及以往的共同经历和取得的成功等。这样的开场白，可以使双方找到共同语言而为心理沟通做好准备。实际上，在闲聊中，双方已经开始传递无声的信息了。因为，从谈判人员双方的姿势上可以反映出他们是信心十足还是优柔寡断，是精力充沛还是疲惫不堪等。反映这些情绪的关键部位是头部、背部和肩部，为此谈判人员的行动也要显得轻松自如，否则就先输了一招。

第三，在服装仪表上，谈判人员一定要符合自己的形象。服饰要美观、大方、整洁，颜色不要太鲜艳，式样不能太奇异，尺码不能太大或太小。虽然各国、各地区经济发展水平不同，风俗习惯也有差异，服饰方面不能一概而论，但干净、整洁在任何场合都是必要的。

第四，注意手势和触碰行为。双方见面时，谈判人员就应该毫不迟疑地伸右手与对方相握。握手作为一个相当简单的动作，却可以反映出对方是强硬的还是温和的，是鲁莽的还是理智的。

在西方，一个人如果用右手与对方握手的同时，把左手放在对方的肩膀上，说明此人精力过于充沛或权力欲很强，对方会认为"这个人太精明了，得小心一点"。同时要注意，任何场合最忌讳的莫过于拉下领带、解开衬衫纽扣、卷起衣袖等动作，因为这将使人产生你已精疲力竭、厌烦等印象。

第五，在开场阶段，谈判人员最好站着谈话，小组成员也没有必要围成一个圆圈，而最好是自然而然地把谈判双方分成若干小组，每组中有一两名成员。总之，谈判气氛对谈判进程是极为重要的，谈判人员要善于利用灵活的技巧来影响谈判的气氛。只有建立一种诚挚、轻松、合作的洽谈气氛，谈判才有望获得理想的结果。

谈判前的"谈判"

任何谈判都始于开局导入阶段，在谈判之前，谈判双方见面、寒暄、打招呼、相互问候、谈论一些与谈判无关的轻松话题。

表面看来好似无关紧要的寒暄，虽然本身并不正面表达某种特定的意思，被人们称为非实质性谈判现象，但是它在整个谈判中的作用却是不可缺少的，它对谈判双方的思想、情绪和行动都有着相当大的影响。

首先，要使谈判顺利地进行，就必须先要营造友好的、和谐的谈判气氛，寒暄正是营造这种气氛的契机。谈判者主动与对方打招呼、寒暄，就等于在向对方宣布：我坦率地打开心扉，我愿意与你建立良好的人际关系。这样做，自然很容易获得对方的好感，消除谈判双方的紧张情绪和敌对戒备心理，使双方都能以轻松的姿态开始谈判。

毛泽东就善于在寒暄中发挥出他独特的魅力，缩短与谈判对手的心理距离，并让对方自然产生一种受到尊重的快感。

寒暄不仅可以营造友好和谐的谈判气氛，而且也是谈判之始观察对方情绪和个性特征、获取有用信息的好方法。有这样一个案例：

日本松下电器公司创始人松下幸之助先生"出道"的时候，就曾被对手以寒暄的形式探测到了自己的底细，因而使自己产品的销售大受损失。

当他第一次到东京找批发商谈判时，刚一见面，批发商就友善地与他寒暄："我们是第一次打交道吧？以前我好像没见过您。"批发商想用寒暄托词，来探测对手究竟是生意场上的老手还是新手。松下先生缺乏经验，恭敬地回答："我是第一次来东京，什么都不懂，请多多关照。"正是这番极为平常的寒暄答复却使批发商获得了重要的信息：对方原来只是一个新手。批发商接着问："你打算以什么价格出卖你的产品？"松下又如实地告知对方："我的产品每件成本是20元，我准备卖25元。"

批发商了解到松下幸之助在东京人地两生，又暴露出急于要为产品打开销路的愿望，因此趁机杀价："你首次来东京做生意，刚开始应该卖得更便宜些，每件20元如何？"没有经验的松下先生在这次交易中吃了亏。究其原因，是那位老练的批发商通过表面上的寒暄探测到了他的虚实，在谈判中赢得了主动。而松下先生由于在寒暄试探之中暴露了自身的底细，从而导致了被动与失利。因此，在双方寒暄之时就要避免无意之中自身关键信息的泄露。

当然，一个有经验的谈判者能透过相互寒暄时的那些应酬话，去掌握谈判对象的背景材料：他的性格爱好、处事方式、谈判经验、工作作风等，进而找到双方的共同语言，为相互间的心理沟通做好准备。这些都是对谈判成功有着积极意义的。

正是基于对寒暄所起作用的认识，人们应该着意选择寒暄的话题。

最容易引起对方兴趣的话题莫过于谈到他的专长。被美国人誉称为"销售权威"的霍伊拉先生，就很善于这样做。一次他要去梅依百货公司拉广告，他事先了解到这个公司的总经理会驾驶飞机。于是，他在和这位总经理见面互作介绍后，便随意说了一句："您在哪儿学会驾驶飞机的？"一句话，触发了总经理的谈兴，他滔滔不绝地讲了起来，谈判气氛显得轻松愉快，结果不但广告有了着落，霍伊拉还被邀请去乘了总经理的自用飞机，和他交上了朋友。

其次，作为一个合格的谈判者，很重要的一点是要具备自信、顽强和穷追不舍的谈判品格。如果缺乏这种品格，没有穷追不舍的精神，而是点到为止，知难而退，那么任何简单的谈判任务对他来说都是艰难的，很难获得谈判的成功。

谈判确实是一项艰巨的工作，在双方合作的基础上，要能够争取到尽可能多的利益，并且得到对方的认可，这不是一件容易做到的事情。因为谈判的任何一方都是抱有同样的想法，而且在很多情况下，一方的获取就意味着另一方的损失，一方的胜利就意味着另一方的失利，所以在谈判这种充满对抗性的意志竞赛中，争取到对方的一点点让步和妥协，往往都会付出极大的代价。因此，没有穷追不舍的谈判精神，是绝不能胜任谈判工作的。

有一年，我国急需从国外引进一套高效的生产设备，为此同某国一家公司的代表进行谈判。谈判从下午持续到夜幕降临，双方"摊牌"的时刻终于到了。外商激动地从谈判桌前站立起来，对我方主谈代表说："王先生，您的价格是我们公司难以接受的，绝对不能接受的！这一价格我们从未与任何公司进行过交易，这是绝对真实的。"这是经过我方代表几次压价之后进一步提出的降价要求，这一要求令对方不能接受。

"请您先坐下来，我们慢慢探讨，慢慢研究成交的可行性，好吗？"我方主谈微笑着示意外商坐下来，"不过，我也请贵公司考虑，如果价格不降下来的话，我们中方也是不能接受的。原因很简单，根据我们的测算，贵公司的要价还可以再下降1000万欧元，并且我们有足够的资料证明这一点。贵公司并没有对我们报出设备的真实价格，而目前的价格比真实价格要高出许多。因此我们的降价要求是有充分理由和依据的。"

"不，不！坚决不同意！"对方代表睁大了眼睛，双肩一耸，连连摇头，"1000万欧元？如果再降价1000万欧元，我回国就只有一条裤衩穿啦。王先生，我们不能够接受贵方的降价，绝对不能够接受的！"

看到谈判无法继续进行下去，我方主谈提议暂时休会，待到明天再继续谈判，并且向对方实施最后期限的谈判策略。他告诉外商代表说："这样吧，明天是谈判的最后一天，是我们谈判的最后期限，请您再回去仔细考虑一个晚上，让我们一起珍惜这最后的谈判机会吧！"事实上，我方代表肩上担着一副沉重的担子，因为时间紧迫，年底以前必须签约，如果不能够顺利完成交易，我们将面临着来年计划无法顺利实施的窘迫局面。经过多轮洽谈，几次压价，我方用户已经比较满意，准备签约了，可是主谈代表经过周密考虑，认真测算，认为对方的要价还是高了，还有很大的降价空间，还得再谈再压，穷追不舍。

第二天早上，双方再次坐在谈判桌前进行谈判，按照前一天我方代表所言，这已经是外商"最后的谈判机会"了。再次谈判一开始，对方代表仍然表示对降价感到"难以接受"，但是口气已经没有昨天那么强硬了。我方主谈认为对方已经开始松动，于是继续对外商实施穷追不舍的策略，仍然一口咬定对方必须将价格降到我方提出的价格上来，否则一切就将变得非常艰难，谈判结果也将不可预测。最后迫于无奈，对方告诉我方主谈，他决定再次将价格下调，不过不是1000万欧元，而是500万欧元。按理说这已经是我方争取到的最好的结果了，但是我方主谈仍然对降价幅度感到无法接受，如果不能够降低1000万欧元，我方是很难与对方签约的。时间在一分一秒地流逝，对方越来越不能坚持，但仍然对1000万欧元的降价表示不认可。我方主谈也趁机提出修改一下降价幅度，最终双方在降价870万欧元的情况下签订了协议，两双手紧紧地握在一起，谈判宣告结束。

由于我方代表成功地运用了穷追不舍的谈判技巧，迫使对方再次答应了我方的降价要求。虽然没有达到降低1000万欧元的最终目标，但已经是我方能够接受的最低的价格了。如果我方代表不能够坚持到底与对方纠缠和周旋的话，很可能就会以比最终成交价格高出870万欧元的价格和对方签约，也就不能算是成功的谈判了。

在谈判时间上下功夫

时间策略可能是谈判时的刹车器，也可能是加速装置。它会决定谈判是加速还是减速，当然也有可能让谈判的一方突然置身事外，这样可以吊吊对方的胃口。

1984年9月底，正在德国考察的天津市经济建设代表团获得一项信息：德国慕尼黑市有家生产某名牌摩托车的工厂宣告破产，打算出卖整个工厂。而天津市政府那时正在筹划建设一个摩托车厂，但苦于没有先进的技术和设备，这一信息无异于雪中送炭。

代表团立即赶赴慕尼黑市，实地考察该摩托车厂的情况。该厂历史悠久，信誉良好，产品曾经畅销欧洲。后来由于受到国外的特别是日本摩托车冲击欧洲市场的影响，加上该厂背后没有大财团的支持，无力渡过难关，只好宣告破产。但该厂仍然拥有雄厚的技术力量以及先进的生产设备，而且卖价十分便宜。

中国代表团表示了极大的兴趣，果断地向德方传递了一个有意购买摩托车厂的信息，但必须回国请示批准后才能谈判签约。与此同时，其他国家的一些商人也纷纷前来咨询，其中一家伊朗公司表示了浓厚的购买兴趣，并且正在和德方人员商谈细节，竞争激烈，时间紧迫。

于是，代表团团长第二天回国，当天就向市政府进行了请示，第三天天津市政府就决定：全部购买该厂的设备与技术。

10月12日，中方在第一时间将购买意向通知了德方，同时国内开始进行谈判前的紧急准备。

正在这时，一个坏消息传来，德国来电告知，伊朗那家公司已抢先一步与该厂签订了合同。中方一听大为震惊，但并未绝望，只要有一线希望，就要做出百分之百的努力，毕竟双方还没有完成交易，任何情况都有可能发生，同时，中方加强了与德方的联系，并明确告知在德国的联系人，请摸清情况详告，以定对策。

10月20日，德国方面传来消息，伊朗公司所签合同规定的付款期限为10月24日，如果24日下午3时前伊朗付款未到，则所签合同无效。这无疑给中方打了一针兴奋剂，但情势紧迫，天津市政府冷静地分析了情况，研究分析了国际贸易竞争中的每一个偶然的因素，认为伊朗方面虽捷足先登，但能否按期付款还是个未知数，因此，我方仍有最后争取的机会。

10月22日上午10时，市政府命令，迅速办好出国手续，尽快赴德，见机行事。为了提高效率，市政府授权专家谈判团，有权签署购买合同，有权采取任何应急措施，简化手续，大开绿灯。

10月23日11时，专家团一行15人抵达慕尼黑。他们与德方人员保持着联系，分析着每一个情报的细微变化，准备着随时可能进行的谈判方案。

10月24日下午3时，好消息终于传来：伊朗方面未能如期付款，合同无效。中方专家谈判团按照预定计划立即出动，要求与德方代表谈判。德方做梦也没想到中方如此神速，叹服中国人的高效率。中德双方围绕工厂的收购展开了实质性的谈判，在反复磋商的基础上，达成了合作意向。

10月25日清晨，中国专家对该厂的设备状况、机械性能、工艺流程等进行了一系列的全面技术考察，对购买全厂的可行性得出了肯定的结论。

于是，25日深夜，中德双方签订了合同，从而完成了这场买卖谈判。中方以1.6亿马克的价格买下了该厂2229台设备和全套技术软件。

事后得知，这个价格比伊朗商人支付的价格低200万马克，比另一个竞争对手准备支付的价格低500万马克。

如此一个重大项目的谈判，竟这般迅速地获得了成功，成功秘诀主要是：把握好每一个谈判阶段的时间，果断决策，该快时快，并利用好一切的准备时间做到最好的筹备。由此可见，时间的利用是谈判者必须掌握的技巧。

时间也是一种力量，因为情境和期望会跟着时间改变。如果你今天设法在这样的情境里跟对方达成协议，那么，你可能在明天的另一情境里顺利完成任务。

让时间成为你的盟友，你必须要先知道对方的时间限制，也许这是最容易取得的信息了。通常，你只要问一句："我们马上要开始谈判了，你有没有时间表？"

时间的限制，可能是你自己设定的，也可能是来自外部的压力。你可以跟你的谈判对手说，你的合伙人明天要进医院动手术，这份合约上面没有他的签名就没有办法生效；要不就说，在契约上也需要你太太签名，但是她明天就要去巴黎了。如果你跟对方说，合约一定要在年底以前签，因为这样可以节税，那么你的时间限制就是来自外部。

时间限制越紧，越和自身利益息息相关，对方所受的压力就越大，也就越容易采取行动。下面是一个例子："如果我们在10号之前，谈不出个名堂，那么我们就没有什么好谈的了。"

如果你觉得固定的时间限制没有变通的余地，你可以用比较和缓的语气，设定一个弹性的时间限制："如果我们不能在可预见的未来谈出个名堂，那么我们就没有什么好谈的了。"

通常截止时间和理由一样，来来去去的，协商很少在深夜 12 点的时候戛然而止。所谓的最后通牒，通常会下好几次。如果对方用这个来威胁你，你就随他去吧。你可能以为你失去了好得不得了的机会，其实，你可能是给自己省了不少麻烦。

你明明知道对方很想要这个东西，那么你可不可以故意拖延，好增加谈判时的筹码呢？如果可行，就不要放弃制造出一个僵局来，让你们之间谈不下去。

如果对方觉得已经谈不下去了，他的谈判底线就会浮现。他也可能会觉得有点成果总比两手空空要来得好。这样一来，他就在找自己的麻烦了。

对方会紧张吗？你可以稍微停一下，看看对方会不会着急？

对方有没有特别想要的东西？有没有隐藏的时间限制？如果你不跟他谈下去，他是不是会有别的计划受到连带影响？

正在进行的谈判拿出来冷静地分析分析，确定一下彼此的谈判力量究竟平不平衡。

在缜密的盘算之后稍微停顿一下，其实可以避开针锋相对的尖锐局面。

不过，需要注意的是把动作放慢一点，并不是要松弛谈判的动力。一般人在受挫之后，很可能会被迫退让。

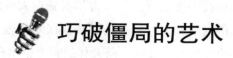

巧破僵局的艺术

1942年5月，美英两国同意在年内开辟欧洲第二战场，以缓解苏联战场上的压力。但是不久，英国首相丘吉尔看到苏联战场节节胜利，又开始后悔自己的决定，于是就和美国总统罗斯福商量，暂时不在欧洲登陆，而是开辟非洲战场，即"火炬计划"。但是令丘吉尔头疼的是，该如何对苏联领导人斯大林说这一决定。为了表示诚意，丘吉尔亲自到莫斯科与斯大林会谈。

会谈在晚上举行，丘吉尔做好了充分的心理准备，准备着看斯大林的脸色。尽管丘吉尔列举了一大堆理由向斯大林说明不能按期开辟第二战场的原因，斯大林还是始终拉长着脸，并严厉地质问道："据我所知，你们是不能用大量的兵力来开辟第二战场，甚至也不愿意用六个师登陆了。""的确如此，斯大林阁下。"丘吉尔诚恳地说，"事实上，我们有足够的兵力登陆，但是我觉得现在在欧洲开辟第二战场还不是时候，因为这有可能破坏我们明年的整个作战计划。战争是残酷的，不是儿戏。我们不能轻易作出某一决策。"

斯大林的脸色更加难看了，厉声说："对不起，阁下，您的战争观与我的不同，在我看来战争就是冒险，没有这种冒险的精神，何谈胜利？我真是不明白，你们为什么那么害怕德军呢？""我们并不是害怕德军。您也知道，希特勒在1940年正值他的全盛时期，而当时我们英国只有两万经过训练的军队、200门大炮、50辆坦克。面对这样弱小的我们，希特勒并没有来攻打我们，原因很简单，跨越英吉利海峡并非易事啊。"丘吉尔反驳说。"丘吉尔先生，我要提醒您一个关键的因素，希特勒在英国登陆，势必遭到英国人民的抵抗。但是，如果英军在法国登陆，必将受到法国人民的欢迎，人心向背也是决定战争胜败的关键。"

至此，谈判陷入了僵局，两国元首谁也说服不了谁，会议室内的气氛紧张起来。斯大林最后说："虽然我不能说服您改变您的决定，但是我还是坚持认为您的观点我不能认同。"丘吉尔看到斯大林的态度如此坚决，为了打破令人窒息的气氛，只好转变话题，谈谈对德国轰炸的问题。经过这番谈话后，紧张的气氛有所缓和，斯大林的脸上也出现了一丝笑意。

丘吉尔认为现在是说出英美两国商定的"火炬计划"的时候，于是说："现在我们回过头来谈谈1942年在法国登陆的事情吧，我是专门为了这一问题而来的。事实上，我认为法国并非唯一的选择，我们和美国人制订了另外一个计划。美国总统罗斯福先生授权我把这个计划秘密地告诉您。"斯大林看丘吉尔一副神秘的表情，不禁对这个"火炬计划"产生了兴趣。丘吉尔简单地介绍了"火炬计划"的内容，斯大林还谈了他对这个计划的理解和意见，丘吉尔表示赞同。此时，虽然斯大林对英美推迟在法国登陆的事情不悦，但是气氛已明显缓和。丘吉尔又继续说："我们还打算把英美联合空军调到苏联军队南翼，以支援苏军。"斯大林表示感谢。至此会谈已是云开雾散，但是对于丘吉尔来说，此时还不是见彩虹的时候。

第二天晚上，第二轮会谈开始了。斯大林先是拿出了此前美英苏三国签订的备忘录，据此谴责美英没有履约如期在1942年开辟第二战场，接着又责备美英没有按承诺所说送给苏军必需的军用物资等。斯大林虽然表情严肃但是毫无怒容。他反复强调自己的观点，认为美英军队不必害怕德军。

斯大林讲到这儿，丘吉尔再也不能忍受了，他激动地说："我们千里迢迢来到这里，是为了建立良好的合作关系。我们已经竭尽全力帮助苏联，我们曾经孤立无援地坚持了一年的战斗，遭受了巨大的损失，但是现在我们三国已经建立联盟，我相信只要我们齐心协力，就一定能够取得胜利。"斯大林看到丘吉尔因为激动以至于满脸通红，为了缓解一下气氛，他开玩笑说："我很喜欢听丘吉尔首相发言的声调，真是太美妙了。"因而博得会场内的人一笑，也缓解了气氛。

次日晚上，丘吉尔出席了在克里姆林宫举办的正式宴会，宴会气氛友好而热烈。斯大林很愉快地和丘吉尔交谈，双方表情自然，再也没有谈判时严肃的气氛了。丘吉尔见斯大林心情不错，随即说："尊敬的阁下，您已经原谅我了吗？"斯大林哈哈一笑，说："这一切都已经过去了，过去的事情应该归于上帝。"

丘吉尔凭借其高超的谈判技巧，抓住适当的时机，作出一些让步，终于取得了斯大林的谅解。

在谈判的时候往往由于双方互不相让以致陷入僵局，这时如果双方都不肯让步，就很容易使谈判破裂。在这个案例中，丘吉尔的高明之处就是当谈判陷入僵局的时候，马上转变话题以缓解气氛，当气氛松弛时再继续谈，这样就不至于使双方陷入尴尬的境地。

打破僵局还需要运用一定的策略，用策略去打破僵局，不但有利于谈判的顺利进行，而且还可能取得谈判的主动权，为取得有利的谈判成果夺得先机。一般认为，在谈判中出现僵局时，可采取以下策略。

1．首先要头脑冷静，切不可言语冲动，刺激对方。"良言一句三冬暖，恶语伤人六月寒"，言辞尖刻会形成感情对立，对打破僵局极为不利。

2．更换谈判团成员。让可能刺激对手的成员离开。非常有经验的谈判家不会触怒对方而被要求离开，因为他可能要在换人策略中扮演很重要的角色。现在是减轻对方压力的时候了，可以让这些人从你的团队里离开，作出让步。

3．用不同的方法重新解释问题；提供新的理由、新的信息以探讨更广泛的问题；找到一个桥梁，使需求部分达成某些方面的一致。

4．谈论一些轻松的话题，或者讲一则娱乐新闻，或者讲一个有趣的故事，以此来缓解紧张气氛。

5．审查过去或将来的需求，一同揣摩达不成协议的后果，然后制订补救方略。

6．由双方人员建立一个特别工作组，有针对性地解决问题。

7．提出有附加条件的建议，使双方都有妥协的理由，进而使谈判顺利进行。

8．采取暂时休会的方式使双方冷静头脑，整理思路，寻求解决策略。对己方来说，在休会前最好对自己的方案再进行一次详尽的解释，提请对方在休会时进一步考虑。

9．试着改变谈判室的气氛。如果谈判中关于双赢的重点已陷入低调，试着将它变得更具竞争性。如果谈判已很难控制，试着打开更多的双赢通道。

10．对双方已谈成的议题进行回顾总结，消除僵局造成的沮丧情绪。或者先谈双方较易达成一致的议题，待双方都有一定满足感后再谈僵局中的问题。比如，可以鼓励对方："看，我们已经解决了许多问题，现在就剩这些了，如果不一起解决的话，那不就太可惜了吗？"

向对方发起心理攻击的有效手段

当谈判者坐到谈判桌前，必然会发生相应的心理变化。举止、表情、言行是这些心理变化和心理活动的外在反映。这些反映有时是不自觉的，有时可能是故作姿态，以掩盖其真实的目的。当一个人丢了面子时，不一定都会不好意思，反而可能会微笑地望着你，以使你相信他不在意。但如果你细心观察，也许就会发现他没能完全掩饰去的一丝懊恼的痕迹。一个谈兴正浓的人被你突然打断，他很可能以许久的沉默来回报你。在谈判者这些表现的背后，可能潜藏着各种影响谈判的心理因素，细心的谈判者要随时根据捕捉到的这些外在的反映信息，及时调节谈判的气氛。谈判中能够沟通彼此信息的，不仅仅是语言符号，有时可能是非语言符号，比如说话的速度、音质、声调乃至面部表情、手势、体态等都能传达出某种信息。同样一句话，说得缓慢、急促还是粗声大调，是商议恳求还是颐指气使，是面带笑容还是板着脸孔，所产生的效果是大不相同的。所以善于运用攻心术，也是谈判获胜的重要手段。

1. 对症下药

西方竞争者都喜欢把建立在假设基础上的真实意图小心翼翼地隐藏起来。美国的谈判学家、著名商务谈判代理人杰勒德就特别擅长这种"隐蔽的假设"，并把发现和利用它定为谈判要旨，以求最终达到自己谈判的目的。

杰勒德曾经代理过一宗投资家阿贝尔收购《食品》杂志的谈判。该杂志的拥有者叫歌德堡，是个恃才傲物的人，对不懂行的非业内人士向来不相信。通过一些途径的调查，杰勒德还了解到，年过50岁的歌德堡已经失去了创业者所特有的锐气，不再愿意面临各种风险，转而关注家庭和亲情。这样杰勒德在和歌德堡谈判之前心里已经有了一些计划。

计划好之后，杰勒德开始试探歌德堡："投资家阿贝尔先生虽然对杂志的编辑出版业务不太熟悉，但非常钦佩贵杂志编辑的卓著才华，如果与一个欣赏您才华的人合作，我想您一定会得到最直接的利益。阿贝尔先生将不提合作的先决条件，甘愿为您提供方便。"如此听上去很美的许诺，顿时激活了歌德堡心里的隐蔽假设，他马上作出了杰勒德希望的反馈："我可以考虑将杂志一部分的所有权出让。"于是双方约定好了正式会谈的时间和地点。

正式谈判开始后，杰勒德先给歌德堡造成一种是在与阿贝尔本人进行谈判的错觉，他直接对歌德堡说："我希望和您达成对我们双方都有益的协议。任何一项协议的达成之初，就是直接兑现好处的时候。"说完之后杰勒德随即掏出一张15万美金的支票。歌德堡看见支票，心里顿时有了资金保障，但是支票的金额还达不到自己的心理价位，于是说道："我想这还不是你开出的最高价码。而且我喜欢做一笔直接的交易，也就是说，我希望用现金结算。"杰勒德看到对方有意合作，于是镇定地点了点头："当然，价格不是我们之间合作的障碍，我们都不是眼里只有钱的势利商人，只要您开出一个合理的接受价格，我们之间不会有太长的讨价还价过程的。"

歌德堡开始盘算自己心中的满意价位，杰勒德说："价格方面我会努力让您满意的，歌德堡先生。而且在设计转让期的长期利益方面，我们要更多地谈到钱的事情。我们先谈一谈转让期限吧，我想初步定为五年，你不反对吧？"歌德堡并没有立即作出反应，于是杰勒德马上提出了附加条件："在转让期内您的年薪是六万美金，但要在期限内把《食品》杂志发展为专业丛刊。"歌德堡应道："我想这不会很困难。"

谈判进行到这个阶段，杰勒德认为到了形成既定事实的时候了，他接着说："如果您同意的话，我们是否可以把我们协商中一致的部分条款列为转让合同的条款呢？然后我们再协商现金的问题，我保证不会让您感到失望的。"歌德堡已经十分相信对方的诚意，立即提笔书写转让合同。等歌德堡照办后，杰勒德说："请歌德堡先生开个价码吧。""20万美金。"歌德堡十分坚决地说。杰勒德装作有些为难地说："坦率地讲，您的这个价位有些偏高了，而且委托人还没有赋予我加价的权力，他认为15万美金已经足够了。不过我可以帮助您说服阿贝尔先生接受您的开价，但前提条件是您必须为我提供一些方便，就是先收取15万美金支票，其余金额您可以选择接收阿贝尔先生的食品公司的股票，并按照公司惯例在合伙期内不对所持有的股票进行转让。"

"不行，我还是希望用现金结算。"歌德堡无意涉足股市风险，故而态度非常坚决。"歌德堡先生，我想告诉您一个众所周知的事实，阿贝尔食品公司的股票是优质股，近几年一直在不断地增值，是股民争购的热门。这也是我刚才为什么要求您不能在合作期限内转让的原因。您为什么不考虑将部分转让费用于投资您所合作的公司呢？""我有自己花钱的方式，没必要接受公司股票的附加条件。"歌德堡依然丝毫不为所动。杰勒德继续游说对方："我们谈判到现在一直非常愉快，我没有在任何一点上要求您作出妥协或者让步。现在我仅仅是建议您改换一下收取五万美金的方式，这不仅没有损害到您的财产，还会给您带来增值效应。难道这个小小的建议会成为我们之间达成一致的不可逾越的障碍吗？"

歌德堡一时捉摸不透这五万美金支付方式里究竟隐藏着什么，也说不出反对的理由，长吁了一口气之后终于在转让协议上写下了这一条，谈判就这样顺利地完成了。

通过谈判前对自己对手详细的调查了解，杰勒德成功地掌握了歌德堡的心理，在谈判过程中对症下药，使得歌德堡得到了自己想得到的经济利益，同时又为委托人争取到了一部分无须现金支付的款项。由此可以看出，在谈判双方的直接对话中，成功掌握对方的心理和内心最需要之处并适时地对症下药，是谈判中一个非常重要的环节和技巧。

2. 防范两面人

人的外表和内心深处的思想是两个完全不同的概念。在谈判桌上，每个人口中说出来的内容和他的真实想法也会有巨大的差异和出入。一个出色的谈判家应该能从对方的言行举止中看出对方的真实意图和想法，这样才能够做到心中有数，从而想方设法取得谈判的胜利。对于那些口蜜腹剑、心口不一的人，人们总是需要时时提防。

有这样一则寓言故事，可以反映出防范口是心非的人的重要性。一只兔子在田间觅食，忽然发现不远处有猎人过来，这只惊慌失措的兔子急忙逃走。不过猎人的脚步也不慢，兔子只有用尽浑身的力气拼命地奔跑。跑了好长一段时间，还是没有将猎人成功地甩掉，兔子急中生智，决定先找个地方躲一躲，等猎人走远了再逃命。前面有个小茅草屋，屋子的主人是个砍柴的樵夫，兔子赶紧向樵夫求救。樵夫看到兔子，心中顿时有了想法，他满口答应帮助兔子，就让兔子先躲在他的小茅草屋里，兔子万分感激，就迅速跑到茅草屋里找了个比较黑暗的角落躲了起来，在那里还能看到外面的情况。不久，追赶兔子的猎人也赶到了这个小茅草屋面前，看到樵夫坐在那里，他就问樵夫有没有看到一只惊慌失措的兔子跑了过来。樵夫对猎人说："没有看到啊。我一直坐在这里，没有看到什么兔子或者其他的动物跑过来。老兄，你累了吧，我看到你非常口渴的样子，不如到我的屋子里坐一坐休息一下吧，我这里有上好的茶水。"樵夫边热情地邀请猎人到茅草屋里坐，边用手势比画着兔子藏在屋子里头。可是猎人对樵夫的热情感到很怀疑，心想：我就问你一只兔子有没有从这里经过，你为什么这么热情地招待我呢，又是让座又是喝茶，难道你想图谋不轨吗？猎人并没有听从樵夫的话，到他的茅草屋里"坐一坐"，而是一边摇头一边充满戒备地走了。

等到猎人走了好长一段时间，兔子才慢吞吞地从角落里走出来。它没有向樵夫道谢就要径直走掉。樵夫不干了，他问那只兔子："刚才我救了你，你为什么连一句道谢的话都没有就要离开呢，难道你不知道知恩图报这句话吗？"这个时候兔子看了看那樵夫，对他说："谢谢你刚才的帮助，要是你的表演再出色一些，我可能真的就要倒霉了。"樵夫听后大怒，他大声地斥责兔子说："我好心好意地把你的命救了，你不但不表示感谢，反而用这种讥讽的语言，到底为什么？难道我救你救错了吗？"

而这只聪明的兔子也不甘示弱，它对樵夫说："如果你的心口如一，我就会真的向你道谢。可是刚才你明明有意把猎人引到屋子里，好让他发现我藏在那里，你以为我看不出来吗？而且你还用手势比画着我藏身的地方。幸亏猎人没有听你的话，要不然，我现在早就被抓走啦，还能在这里和你说话吗？"樵夫一看自己的阴谋被兔子戳穿，立刻羞得无地自容。而兔子则大摇大摆地离开了这个口蜜腹剑的危险小人。

这则寓言告诫人们，在生活中对口蜜腹剑的人不可不防，像这种笑里藏刀、言行不一的人，就是所谓的两面人。寓言中的樵夫，既想讨好兔子又想讨好猎人，可惜的是，无论猎人还是兔子，都没有把他当作好人，这就是心口不一的人的下场。因为谎言一旦被揭穿，事实的真相就摆在大家面前，无论伪装得多么巧妙，最终都会被人识破。而谈判专家在和对方的较量中，能够识破对方说的是真话还是假话，然后针对对方的真实想法做文章，这样就能够很好地赢得谈判的胜利。

3. 用更大的前景吸引对方

为了说服对方接受己方的意见和建议，一般的谈判者都只顾及眼前的利益，往往忽视向对方展示长远利益和合作前景的重要性。而向谈判对手提供有关长远利益和前景方面的诱惑，可以很容易地使对方产生强烈的共鸣，激发对方的谈判兴趣和积极性。并且能够在很大程度上影响谈判的结果，改变对方的谈判态度和立场，尽快促使对方达成与己方有利的协议。

有一家制造电灯泡的公司，由于公司刚刚成立，产品没有品牌效应，销路不是十分乐观，而且价格也没有任何优势，这种局面如果长时间持续下去的话，势必造成公司的破产。于是公司的董事长就决定到各地去做旅行推销，希望各地的代理商能够积极与该公司合作，使他们的产品能够顺利打开销路，全面占领市场。

一天，该公司董事长召集了各个代理商，向他们介绍自己的新产品，顺便进行合作谈判。谈判中，董事长对参加谈判的各代理商说："经过多年来的苦心研究与开发，本公司终于完成了这项对人类大有用途的新产品的开发，并且顺利进行了投产试用。虽然目前它还称不上是第一流的产品，但是我仍然要拜托在座的各位，用第一流产品的价格来本公司订购。"董事长陈述完毕，全场顿时一片哗然："不会搞错了吧？难道会有人以一流产品的价格购买二流产品？既然你公司都认为所生产的产品属于二流，当然应该按照二流产品的价格进行交易了，怎么可能让我们以一流产品的价格购买二流货色呢？"

董事长继续他的"二流取代一流"理论："各位，我知道你们一定会觉得我们的决定有些难以理解。不过，在这里我仍然要再三拜托各位按照我所说的来合作。大家都十分清楚，目前制造灯泡行业中可以称得上第一流的，全国只有一家公司而已。因此他们在整体上已经垄断了整个市场，即使他们肆意抬高产品的价格，大家也仍然要去购买他们的产品，难道不是吗？如果有同样优良的产品出现在市场上，而价格要比他们的产品更便宜的话，对大家而言不是一个非常好的消息吗？否则的话，各位仍然不得不按照厂商开出来的价格去购买，而在销量方面理所当然地要受到价格的影响。"

经过董事长的思路点拨，各经销商也纷纷点头称是。然后董事长又借助拳击的例子来说明这个道理：泰森在拳坛可谓纵横天下无敌手，但是这样一来的结果就是，由于没有真正有实力的对手，观众很难看到一场实力相当、扣人心弦的比赛。而如果灯泡行业出现了一个足以与对手实力相抗衡的公司来和对手竞争，将直接导致产品价格的下降，经销商就可以得到更多的利润。在得到大家的认可之后，董事长决定向他们摊牌："为什么目前本公司只能制造二流的灯泡呢？因为本公司刚刚成立不久，在财力上还没有足够的资金用于技术改进和突破。如果各位肯帮忙用一流产品的价格来购买我们公司的产品，我们就可以筹集到足够的资金来进行技术革新。相信在不久的将来，本公司一定可以制造出一流的产品面向市场，到时候直接受益的就将是在座的各位了。"

董事长的话音刚落，一阵热烈的掌声掩盖了少许的嘘声和嘈杂声。在双方的谈判中，董事长的发言产生了极大的回应，收到了很好的谈判效果。就这样，谈判在愉快而热烈的气氛中顺利达成了协议，灯泡生产厂家终于成为了最后的大赢家。

在原本处于劣势的不利局面下，灯泡生产厂家利用对本行业未来市场的分析取得大家的支持与信赖，终于成功地以一流产品的价格将自己的二流产品推销了出去，同时利用大家期望出现市场竞争局面的心理许诺对方，"本次与己方合作的经销商将是今后本公司的优惠客户和长久合作伙伴"，使自己的理想变成了现实。

4. 空城法

在谈判中，通过研究对手的心理活动，以虚应实，以无充有，以此击退对手的进攻，降低对方的期望水准，削弱对方谈判的实力，从而达到己方的谈判目的。这就是谈判中的空城法。谈判中的空城法如同用兵打仗中的空城计，虽然目标不同，但基本的思路和做法大体上是相同的，在特定的情况下，空城法往往能够发挥其他任何谈判技巧和方法所不能发挥的作用。

我国浙江有一家企业，在一次进口生产原料的谈判中，就是用空城法在和对方的斗智斗勇中取胜的。当时这家企业库存的生产原料仅仅够维持半个月的正常生产，而且这种原料只有这家厂商能够提供，于是双方开始了艰难的谈判。在谈判过程中，对方清楚这家企业非用他的原料不可，在这一巨大的优势下，港商企图狠狠地敲对方一竹杠，大捞一把。但是对方并不清楚该厂家目前剩余的原料已经维持不了多长时间这一重要的信息。由于眼看就要面临着待料停产的窘迫境地，这家企业的谈判代表本着双方真诚合作的态度，愿意以合理的价格与对方就原料供应达成协议。但是在双方第一次接触时，对方就表现出了非常傲慢自大的不合作态度，言谈举止之间无不显露出居高临下之势，对企业代表进行百般刁难。

面对对方极不友好的谈判态度和强硬的立场，企业谈判代表开始冥思苦想，在仔细分析过对方的心理之后，他决定采取一种出奇制胜的方法取胜对方。谈判代表先是采取了退避三舍、毕恭毕敬的态度，和对方进行周旋，对方看到企业代表的这种反应，更加有恃无恐起来，言语之间相当得意，在价格方面故意抬高，而且丝毫没有商量的余地。对方的这种态度正是企业代表所刻意营造并试图推波助澜的。当对方正沉浸在得意忘形中而不能自拔的时候，企业代表突然之间转变了态度，他拍案而起，愤怒地用手指责对方说："你如果没有诚意的话，现在就可以走了。你这种态度，是对待合作伙伴的态度吗？我真的怀疑你此次谈判的出发点和内心的真实想法。说句老实话，我们并不是只有你一家供货商，你的如意算盘恐怕是打错了吧！而且你的货在市场上实际并就没有多大的销路，如果不和我们进行交易，你的销路恐怕将更加不容乐观。另外我还可以告诉你，我们的库存还能够维持一年多的正常生产，现在和你的谈判只不过是为下一年的预算做准备，如果谈判不成功，我们会考虑在一年后进行转产，不再与你进行任何的业务往来。如果没有我们作为你的客户，想必你的生意也不会好到哪里去吧。先生，请吧！"

企业代表的这种冲击力度极强的表达方式，在经济往来中相当罕见，一时竟然弄得对方手足无措。对方傲慢的态度和趾高气扬的气势顿时消失了。由于利益的存在，对方在稳定住情绪后终于选择了再次坐下来进行谈判，这次的谈判无论态度还是价格都相当合理，尤其是谈判态度非常的真诚和配合。而企业代表也借谈判气氛缓和之机，坦诚地表达了自己原定的目标，在价格方面更是一再下压，双方终于在各自获取预定利益的基础上达成了这次交易。

由于该企业必须有对方原料的供应才能够进行正常的生产，并且面临着待料停产的困境，谈判实力非常弱小，局势对企业极为不利。为了遏制对方的嚣张气焰，削弱对方的谈判实力，企业代表利用对方不了解库存原料严重短缺的条件，向对方摆出了空城计，声称库存还能维持一年多的正常生产，而且准备一年之后转产，给对方有力的回击，迫使对方改变了原来的立场和态度，真诚地进行谈判，最后取得了谈判的圆满成功。

以上四种手段都是巧妙运用攻心术而使谈判获胜的好方法。因为任何一个谈判者在谈判活动中，都有维护自尊心的心理。对于一个谈判者来说，最严重的自我损伤莫过于不能维护其自尊心。这种自尊心一旦被破坏，心理上就会产生攻击效应，进而影响谈判和谐。

美国作家、著名记者斯诺在《西行漫记》中记述了这样一个耐人寻味的故事：在解放区，有一天他渴了，便对身旁走过来的孩子打招呼说："喂，给我拿点冰水来。"那孩子竟不理睬他。他又招呼另一个孩子，可是那个孩子也不理他。站在旁边的交际处长李克农笑着对斯诺说："你可以叫他小鬼或者同志，但不能叫他'喂'。这里的什么人都叫同志，他们不是佣仆。"后来，当孩子们给他端来水时，斯诺道歉地说："谢谢你，同志。"孩子们对他说："不要紧，不要为这样的一件小事而感谢一个同志。"为此斯诺感慨地写道："我想，这些孩子真了不起。我从来没有在中国儿童中间看到过这样高度的自尊。"由此可知，连孩子的自尊心都不容忽视，更何况坐在谈判桌前的谈判对手呢？如果自尊心受损，随之就会产生一系列相应的防范措施。

 ## 谈判中说"不"的技巧

谈判中的拒绝并不是一个简单的"不"字所解决得了的。你首先要考虑到如何拒绝对方能不影响谈判的顺利进行。这就需要掌握有效的谈判拒绝技巧。

美国谈判专家查斯德·尼尔伦伯格说："谈判是满足双方参与彼此需要的合作而利己的过程。在这个过程中，由于每个人的需要不同，因而会呈现出不同的行为表现。虽然，我们每个人都希望双方能在谈判桌上默契配合，你一言，我一语，顺利结束谈判，但是谈判中毕竟是双方利益冲突居多，彼此不满意的情况时有发生，因此，对于对方提出的不合理条件，就要拒绝它。"

在谈判中知道如何说"不"，知道何时说"不"，会对你在谈判中所处的地位起到调整作用。比如，如果你善于运用此道，就能给对方一种深不可测的感觉，从而对你望而生"畏"，使你在谈判桌上占尽"地利"。我们看下面一个例子：

三名日航的代表，跟来自美国的一家公司的一些世故的经理进行谈判。

美方代表的表现是压倒性的，他们有备而来，气势汹汹，在谈判一开始，就借用图表、电脑图像和种种数字的帮助，证明其价格的合理性。他们光念完所有的资料就花了两个半小时。而在这段时间里，三名日本代表一句也不反驳，默默地听着。

美方代表终于说完了，他们呼出一口气，靠在软软的座椅上，以谈判结束的那种语气问"麻木不仁"的日本人："你们认为怎么样？"其中一位日本代表彬彬有礼地浅笑了一下，说道："我们不明白。""什么？"美方代表惊诧地问道，"你们是什么意思？你们不明白什么？"

另一位日本代表又彬彬有礼地答道："全部事情。"

锐气被大挫的美方代表差点犯了心脏病。"从什么时候开始？"他还是勉强挤出这几个字。

第三位日本代表还是那么彬彬有礼，"从谈判开始的时候。"美方代表无奈地苦笑着，但又能怎么样呢？他泄气地靠在椅背上，打开昂贵的领带结，无精打采地又问道："好吧，你要我们怎么样？"三位日本代表同时彬彬有礼地答道："您再重复一遍吧。"

现在日方反过来处在主动的地位了，美方起初的那股勇气早已烟消云散了，谁能再一字不漏地重复那堆长达两个半小时的啰嗦材料呢？于是美方的开价开始下跌，而且愈来愈不利。

从以上例子可以看出，日方代表未被美方代表的气势所吓倒，并能沉住气，彬彬有礼地说："我们不明白。"挫伤了美方代表的锐气，从而使美方的价格下跌，取得优势。在实际谈判中，我们要灵活地说"不"。

1. 敢于说出"不"

当我们想拒绝别人时，心里总是想："不，不行，不能这样做，不能答应！"如此等等，可是，嘴上却不敢明说，只能含糊不清地说："这个……好吧……可是……"

当然，这种口不应心的做法，一方面是怕得罪人，另一方面，过于直率地拒绝每一个问题也不利于待人接物。

但是，要知道，在谈判中有勇气说"不"其实是一招以退为进的妙招。

比如针对对方的报价，你可以略显惊讶地说："噢！不，这不应是贵公司的实际价格，这一价格不仅出乎我们的意料，而且与国际市场上同类品牌产品相比，也高出许多。"

这就告诉了对方：我们对同类产品的国际价格掌握得很清楚，我方不会接受你们的报价。

而对方听了回答，就会重新考虑报价问题。

2. 选择恰当的时机说"不"

敢于说"不"，并不是鼓励每一个谈判者必须好战，事事与对方争论。实际上，在谈判中过于争强好胜只会破坏双方的合作。因此，在谈判中，你可以说"不"，但必须有所讲究。

一位律师曾经帮助一名房地产商人进行出租大楼的谈判，由于他知道在何时说"不"，以及怎样恰当地说"不"，从而取得了不俗的效果。

当时有两家实力雄厚的大公司对此表示出了浓厚的兴趣，两家公司都希望将公司迁到地理位置较好、内外装修豪华的地方。

律师思索一番后，先给A公司的经理打电话说："经理先生，我的委托人经过考虑之后，决定不做这次租赁生意了，希望我们下次合作愉快。"然后，他给B公司的老板打了同样的电话。

当天下午，两家公司的老板同时来到房地产公司，一番讨价还价之后，A、B两家公司以原准备租用八层的价码分别租用了四层。很显然，房地产公司的净收入增加了一倍，相应的，律师的报酬就增加了一倍。

3. 婉转地说"不"

一家汽车公司的销售主管一次在跟一个大买主谈生意，突然这位主顾要求看该汽车公司的成本分析数据，但这些数据是公司的绝密资料，是不能给外人看的。但如果不给这位客人看，势必会影响两家的和气，甚至会失掉这位大买主。

这位销售主管并没有说"不，这不可能"之类的话。他的话中婉转地说出了"不"：

"对不起，连我也无法得到这些数字呀！"

"公司是不容许这样做的，否则我会丢掉饭碗的。"

"这个……好吧，下次有机会我给你带来吧。"

　　"公司还未做过此类分析，倘若要做的话，恐怕得一阵子。"

　　不论他的话是上述哪一句，知趣的买主听过后是不会再来纠缠他了。此外，委婉地拒绝，巧妙地说"不"，还有以下几种建设性的做法：

　　用沉默表示"不"；用拖延表示"不"；用推托表示"不"；用回避表示"不"；用反诘表示"不"；用客气表示"不"；运用那句韵味十足的"无可奉告""我不知道""事实会告诉你的"……

　　基辛格在莫斯科向随行的记者团介绍美苏关于限制战略武器的四个协定签署会议情况时说："苏联生产导弹的速度每年大约250枚。"记者马上追问："我们的情况呢？我们有多少潜艇导弹在配置分导式多弹头？有多少'民兵'导弹在配置分导式多弹头？"

　　基辛格说："我不确切知道正在配置分导式多弹头的'民兵'导弹有多少。至于潜艇数目我是知道的，但不知道是不是保密的。"

　　记者迫不及待地说："不是保密的。"

　　基辛格说："不是保密的？那你说是多少？"

　　记者无言以答了。